岗位技能培训手册系列

餐厅服务员岗位培训手册

弗布克培训运营中心
编著

化学工业出版社
·北京·

内容简介

《餐厅服务员岗位培训手册》从餐厅服务员岗位工作的实际情况出发，系统介绍了餐前准备、接待服务、餐中服务、餐后工作、宴会设计与组织实施的相关内容。依据最新版国家职业技能标准，介绍了餐厅服务员应掌握的知识、技能。"拿来即学""拿来即用"是本书的显著特色。

本书是一本关于餐厅服务员岗位培训与管理的实用性手册，使培训者一学就会、一做就对。本书适合餐厅服务员岗位新人、餐厅服务培训人员、餐厅服务培训咨询机构等相关从业者阅读和使用。

图书在版编目(CIP)数据

餐厅服务员岗位培训手册/弗布克培训运营中心编著. —北京：化学工业出版社，2023. 8
（岗位技能培训手册系列）
ISBN 978-7-122-43476-0

Ⅰ.①餐… Ⅱ.①弗… Ⅲ.①饮食业-商业服务-岗位培训-技术手册 Ⅳ.①F719. 3-62

中国国家版本馆 CIP 数据核字（2023）第 086699 号

责任编辑：王淑燕
责任校对：王　静
装帧设计：史利平

出版发行：化学工业出版社
　　　　　（北京市东城区青年湖南街 13 号　邮政编码 100011）
印　　装：大厂聚鑫印刷有限责任公司
710mm×1000mm　1/16　印张 11¼　字数 203 千字
2023 年 9 月北京第 1 版第 1 次印刷

购书咨询：010-64518888
售后服务：010-64518899
网　　址：http://www.cip.com.cn
凡购买本书，如有缺损质量问题，本社销售中心负责调换。

定　　价：69.00元

　　"十四五"时期，中国大力实施"技能中国行动"，健全技能人才培养、使用、评价、激励制度，健全"技能中国"政策制度体系和实施"技能提升""技能强企""技能激励""技能合作"四大行动。

　　技能是立业之本。在"技能提升"和"技能强企"行动中，企业的各个岗位人员，都需要不断强化岗位技能，提升工作能力，为企业创造价值贡献力量。为此，基于岗位，立足业务，面向管理，我们推出了这套"岗位技能培训手册系列"图书。

　　我们将餐厅的业务内容和管理目标细化为步骤、方法、标准、规范、方案、操作、准备、设计等，以达到"拿来即学""拿来即参""拿来即改""拿来即查"的目的，从而达成"拿来即用"的目标。

　　《餐厅服务员岗位培训手册》是此系列图书中的一本，通过细化服务程序以及每一项工作的具体内容，介绍了餐厅服务员各项工作应掌握的知识、技能、步骤、方法、规范、方案、标准、设计，可以有效地提高餐厅服务员的工作效率，赢得客户的满意。

　　本书具有如下 3 大特点。

　　1. 有规范、有步骤、有标准、有方法、有方案。本书从餐厅服务员岗位工作的实际情况出发，通过对餐前准备、接待服务、餐中服务、餐后工作的系统介绍，使餐厅服务员知工作规范、晓工作步骤、明工作标准、会工作方法、懂工作方案。

　　2. 有现场、有情境、有设计、有图形、有表单。本书对餐厅服务员的各项操作实例，有的给出一个具体的情境，有的给出一个具体的设计，有图有表，让餐厅服务员操作起来有现场可对比、有情境可对照、有设计可参照、有图标可使用，从而提高餐厅服务员的工作效率，让餐厅服务工作事半功倍。

3. 实务性、操作性、场景性、适用性、模板性。 本书内容穿插使用各种现场操作实景图、步骤图以及各种表，体现了实务性、操作性、场景性、适用性，本书提供的各种方法、方案、标准，是餐厅服务员服务工作开展所需要的范例和模板，可以拿来即用。

本书的电子课件可免费提供给采用本书作为培训教材的教师使用，如有需要请联系 357396103@qq.com，欢迎广大读者提出宝贵意见，以供改正。

弗布克培训运营中心
2022 年 12 月

第3章　餐中服务　074

第4章　餐后工作　124

第 5 章　宴会设计与组织实施　　138

第 **1**章

餐前准备

餐巾折叠

1.1.1 杯花： 20种杯花折叠方法

杯花是用餐巾折叠成的花，放在酒杯里。在餐厅中杯花造型别致和多种多样，成为餐厅服务艺术和优质服务的组成部分。不同餐厅和不同宴会的设计风格都有相对稳定的杯花搭配和设计。

杯花折叠的技法复杂，程序较多，具体的折叠方法有折、叠、穿、卷、翻、拉、捏、掰、推等。下面选取20种杯花折叠方法进行介绍。

（1）荷叶

示例：

步骤：

① 将餐巾沿正方形的中线对折，成长方形。

② 将餐巾短边沿长方形平行于短边的中线对折，成正方形。

③ 从餐巾的两层边向对边捏褶。

④ 捏住餐巾中间位置，将餐巾四个角向上翻，并固定到餐巾中间位置。

⑤ 将餐巾放入杯中，整理成型。

（2）枫叶

示例：

步骤：

① 将餐巾一边错位对折，成错位长方形。

② 将错位长方形短边进行错位对折。

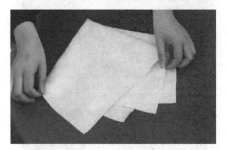

③ 沿中线翻折底角。

④ 从餐巾中间位置向两端捏褶。

⑤ 握住餐巾，放入杯中，整理成型。

（3）樱花

示例：

步骤：

① 将餐巾沿正方形的中线对折，成长方形。

② 将餐巾的两层分别沿长方形平行于长边的中线向外对折。

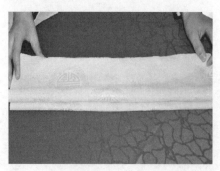

③ 将餐巾短边沿中线向对边对折。

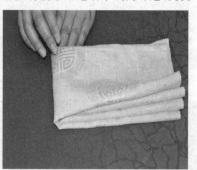

④ 将餐巾放入杯中，整理成型。

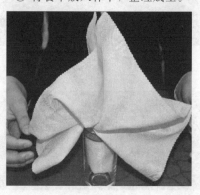

（4）雪莲

示例：

步骤：

① 将餐巾一角沿菱形对角线对折，成等腰直角三角形。

② 将三角形斜边向顶角方向卷筒，并留下高约为 13cm 的小三角形。

③ 将小三角形上层巾角向卷筒方向翻折。

④ 将卷筒的两端从三分点处向卷筒中心方向翻折。

⑤ 将餐巾沿垂直于卷筒方向的中线对折。

⑥ 握住餐巾，放入杯中，整理花芯、花瓣成型。

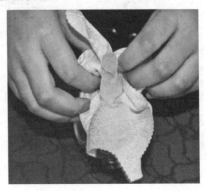

（5）玉兰花

示例：

步骤：

① 将餐巾一角沿菱形对角线对折，成等腰直角三角形。

② 将三角形斜边两角向三角形的顶角方向错位对折。

③ 从餐巾正中间位置向两端捏褶。

④ 将餐巾放入杯中，整理成型。

（6）孔雀开屏

示例：

步骤：

① 将餐巾沿距一个巾角约为 20cm 的线翻折，再沿距此巾角约为 10cm 的线反向翻折，形成一个折层，并依此再翻折一次，形成第二个夹层，且与第一个折层相距约为 1cm，最后将巾角上翻做头部。

② 从餐巾中间位置向两端捏褶。

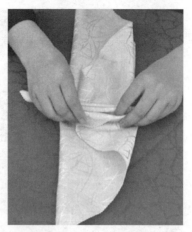

③ 握住餐巾，放入杯中，捏出头部，整理成型。

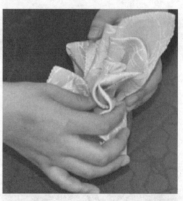

（7）小鸟钻洞

示例：

步骤：

① 将餐巾一角沿菱形对角线对折，成等腰直角三角形。

② 从餐巾顶角向底边捏褶。

③ 将餐巾在中间位置对折。

④ 上拉两个巾角分别做小鸟的头部和尾部。

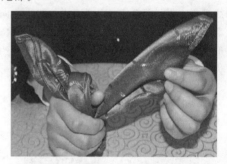

⑤ 将餐巾放入杯中，捏出头部，整理成型。

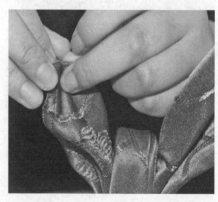

（8）小鸟在巢

示例：

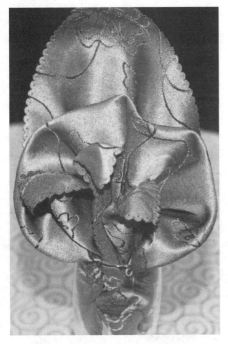

步骤：

① 将餐巾一角沿菱形对角线对折，成等腰直角三角形。

② 将上层的巾角沿平行于底边且距底边约为 10cm 的线翻折。

③ 从餐巾中间位置向两端捏褶。

④ 握住餐巾，将下端的三个巾角上拉做小鸟的头部。

⑤ 将餐巾放入杯中，捏出头部，整理成型。

（9）春回大雁

示例:

步骤:

① 将餐巾一边沿正方形的中线对折，成长方形。

② 将餐巾一条短边沿平行于短边的中线向对边对折，成正方形。

③ 将餐巾外层的巾角沿对角线翻折。

④ 从餐巾中间位置向两端捏褶。

⑤ 将上端两侧巾角下拉做花瓣，外翻夹层做花芯，将下端两个巾角上拉分别做大雁的头部和尾部。

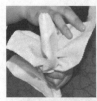 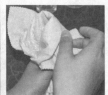

⑥ 将餐巾放入杯中，捏出头部，整理成型。

（10）圣诞火鸡

示例：

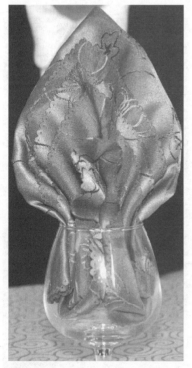

步骤：

① 将餐巾一边沿正方形的中线对折，成长方形。

② 将餐巾一条短边沿平行于短边的中线向对边对折。

③ 旋转餐巾，呈菱形放置，使四个巾角端朝向自己，然后依次翻转三个巾角，间隔约为1cm。

④ 从餐巾中间位置向两端捏褶。

⑤ 上翻剩余的一个巾角，做火鸡头部。

⑥ 将餐巾放入杯中，捏出头部，整理成型。

（11）飞鸟踏春

示例：

步骤：

① 将餐巾一边沿正方形的中线对折，成长方形。

② 将餐巾逆时针旋转 90°，从餐巾短边向对边捏褶。

③ 握住餐巾一端，将另一端做成圆形。

④ 将四个巾角上拉做鸟头、鸟尾及翅膀。

⑤ 将餐巾放入杯中，捏出鸟头，整理鸟尾和翅膀，成型。

（12）相依相守

示例：

步骤：

① 将餐巾一边沿正方形的中线对折，成长方形。

② 将餐巾两层的一边朝向自己，并将两层一边的两个顶角向对边错位对折，翻过餐巾，将另一层的两个巾角做同样对折。

③ 从餐巾一端向另一边捏褶。

④ 将筷子的细头插入折裥内，并挤紧。

⑤ 抽出筷子，将餐巾放入杯中，取两片巾角做鸟头，捏出头部造型，并整理成型。

（13）画眉双鸣

示例：

步骤：

① 将餐巾一角沿菱形对角线对折，成等腰直角三角形。

② 将三角形顶角向上翻折，再向下翻折，与斜边间距约为 2cm。

③ 逆时针旋转 90°，从一端向另一端捏褶。

④ 将剩余的两个巾角向上提拉做鸟头。

⑤ 将餐巾放入杯中，捏出鸟头，整理成型。

（14）花鸟相依

示例：

步骤：

① 将餐巾一角沿平行于菱形对角线且距离对角线约为 10cm 的线翻折，再将此角沿原菱形对角线反向翻折。

② 在翻折角处将餐巾从中部向两端捏褶。

③ 将翻折的角的一个巾角向上提拉做鸟头。

④ 将翻折的角的对角向上提拉做鸟尾。

⑤ 将餐巾放入杯中，捏出鸟头，整理成型。

（15）信鸽飞翔

示例：

③ 将剩余的 3 个巾角分别拉向折裥做信鸽的翅膀和尾部。

步骤：

① 将餐巾沿距一个巾角约为 20cm 的线翻折，再沿距此巾角约为 10cm 的线反向翻折，形成一个折层，并依此再翻折两次，每个折层间距约为 1cm。

② 从餐巾中间位置向两端捏 3～4 个褶。

④ 将餐巾放入杯中，捏出头部，整理成型。

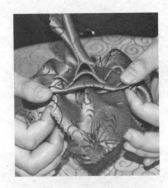

（16）妃子扇

示例：

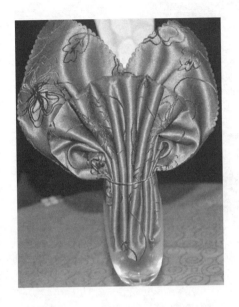

步骤：

① 将餐巾一边沿正方形的中线对折，成长方形。

② 将两层餐巾中的上层的两个巾角向对边翻折。

③ 将另一层餐巾向对边折叠，形成宽约为 8cm 的小长方形。

④ 将餐巾旋转 90°，从餐巾一短边向对边捏褶。

⑤ 握住餐巾，放入杯中，整理成型。

（17）双扇花

示例：

步骤：

① 将餐巾一边向对边捏褶，成长条形。

③ 握住距对折点约为7cm处，作为折点，将两侧的餐巾分别沿折点对折。

② 将长条形沿中心位置对折。

④ 将餐巾放入杯中，整理成型。

（18）友谊杯

示例：

步骤：

① 将餐巾一角向对角错开折叠，留有约为9cm的空隙。

② 将底边向顶角方向卷筒，并留下高约为25cm的小三角形。

③ 将剩下的小三角形捏褶。

④ 将餐巾折裥在外、卷筒在内对折。

⑤ 将餐巾放入杯中，并将餐巾一端插入另一端，整理成型。

（19）迎宾花篮

示例：

步骤：

① 将餐巾一角沿菱形对角线对折，成等腰直角三角形。

② 将三角线斜卷筒，留下高约为10cm 的小三角形。

③ 将小三角形的上层巾角向卷筒方向翻折。

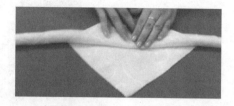

④ 将餐巾两端沿中间部位对折。

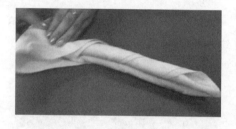

⑤ 把餐巾放入杯中，将一个尖端插入另一个尖端里，整理成型。

（20）阳光灿烂

示例：

步骤：

① 将餐巾一边向对边捏褶，成长方形。

② 整理餐巾折裥，双手捏住距餐巾两端约为 20cm 处。

③ 将餐巾沿中心对折。

④ 将餐巾放入杯中，整理成型。

1.1.2 盘花：20种盘花折叠方法

餐巾盘花指的是放在餐盘中的折花，其要求是折花底部须平稳，从而能够稳定地放在餐盘中。盘花的基本方法有正方折叠、长方折叠、条形折叠、三角折叠、锯齿折叠、尖角折叠、提取翻折、菱形折叠等。下面选取20种盘花折叠方法进行介绍。

（1）满天星

示例：

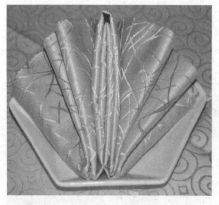

步骤：

① 将餐巾一组对边分别沿平行于长边的1/4线向中线对折，成长方形。

② 翻转餐巾，将餐巾一条长边沿平行于长边的中线向对边对折，成长方形。

③ 从餐巾一条短边沿平行于短边的中线向对边对折，成长方形。

④ 将餐巾两层端的短边的上下两层分别沿平行于短边的中线向对边翻折，成正方形。

 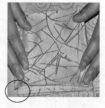

⑤ 将餐巾一端（上图画圆圈端）的上下两层巾角分别沿对角线向对角翻折，成等腰直角三角形，放入盘中，整理成型。

（2）法国百合

示例：

步骤：

① 将餐巾一角沿菱形对角线对折，成等腰直角三角形。

② 将三角形斜边两角分别向斜边中线翻折，成菱形。

③ 将四个巾角端的对角沿平行对角线，并距巾角端约为 5cm 处再反向翻折，再将此角沿平行对角线反向翻折。

④ 翻转餐巾，将底边两端向中间位置翻折，并将一端插入另一端夹层中。

 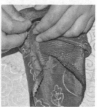

⑤ 将餐巾拉撑为圆柱形，并下翻上端的两个巾角插入下端的圆环内，放入盘中，整理成型。

（3）出水芙蓉

示例：

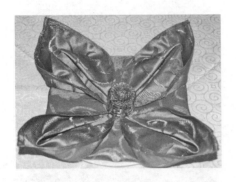

步骤：

① 将餐巾四个角分别向餐巾中心翻折，成菱形。

② 翻转餐巾，将四个角分别向餐巾中心再次翻折，成正方形。

③ 一手压住餐巾中心，一手将四个餐巾角从底部向外且向上翻拉，放入盘中，整理成型。

（4）令箭荷花

示例：

步骤：

① 将餐巾一边沿正方形的中线对折，成长方形。

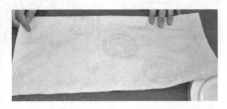

② 将餐巾一条短边沿平行于短边的中线对折，成正方形。

③ 将餐巾四个巾角端沿对角线翻折，成等腰直角三角形。

④ 将两条直角边分别向平行于斜边的中线对折。

⑤ 翻转餐巾，将两个尖角向上翻折，成等腰三角形，并将餐巾沿底边中线对折。

⑥ 握住餐巾，将最外侧巾角向下翻折，再翻拉将夹层内的四片巾角，放入盘中，整理定型。

（5）扇贝

示例：

步骤：

① 将餐巾一边沿正方形的中线对折，成长方形。

② 将餐巾一条短边沿平行于短边的中线向对边对折，成正方形。

③ 将餐巾四个巾角分别向对角翻折，间隔约为1cm。

④ 将餐巾底边两端向对角方向翻折，成菱形。

⑤ 翻转餐巾，将菱形一角向对角线方向翻折。

⑥ 翻转餐巾，将上层餐巾外翻，放入盘中，整理成型。

（6）蝴蝶

示例：

步骤：

① 将餐巾一边沿正方形的中线对折，成长方形，并将餐巾一条短边沿平行于短边的中线向对边对折，成正方形。

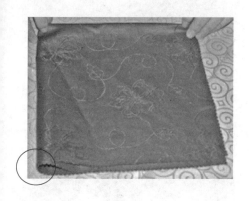

② 翻拉两层巾角端（上图圆圈内），拉出等腰三角形。

③ 翻转餐巾，拉开直角端的上层餐巾。

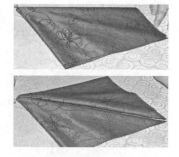

④ 翻转餐巾，将一个巾角端向对角翻折，并将巾角插入夹层中。

⑤ 在餐巾中间位置捏一折，放入盘中，整理成型。

（7）赤贝鸟

示例：

步骤：

① 将餐巾一边沿正方形的中线对折，成长方形。

② 将餐巾一条短边沿平行于短边的中线向对边对折，成正方形。

③ 将四个巾角端的两个邻角分别向对角线方向翻折，并落在对角线上。

④ 上翻四个巾角端对角，成等腰直角三角形。

⑤ 翻转餐巾，将餐巾沿底边中线对折，并将斜边一角插入另一角夹层中。

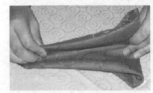

⑥ 下拉餐巾巾角，并捏出赤贝鸟的头部，放入盘中，整理成型。

（8）孔雀开屏

示例：

步骤：

① 将餐巾一角沿菱形对角线对折，成等腰直角三角形。

② 在距斜边一个巾角约为7cm处向斜边另一个巾角方向捏褶。

③ 握住两侧的巾角，并上拉上层巾角做孔雀头部。

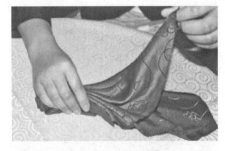

④ 将剩余一个巾角围住餐巾底部。

⑤ 捏出头部，放入盘中，整理成型。

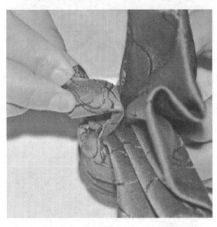

（9）领结

示例：

③ 将四个巾角端向对角方向翻折。

④ 将餐巾两端向中间位置翻折，并将一端插入另一端夹层中，放入盘中，整理成型。

步骤：

① 将餐巾一边沿正方形的中线对折，成长方形。

② 将餐巾一条短边沿平行于短边的中线向对边对折，成正方形。

（10）皇冠

示例：

步骤：

① 将餐巾一边沿正方形的中线对折，成长方形。

② 将餐巾一个顶角向其所在边的对边方向翻折，并落在对边的中心上，然后将其对角做同样翻折。

③ 翻折餐巾，将一条斜边沿中线向对边对折，与其对边重合。

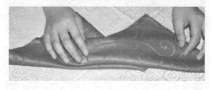

④ 将底边一个顶角向对角方向翻折，并插入夹层内，然后翻转餐巾，将另一角做同样翻折。

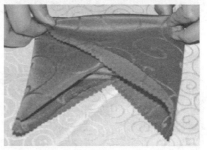

⑤ 撑开餐巾底边，放入盘中，整理成型。

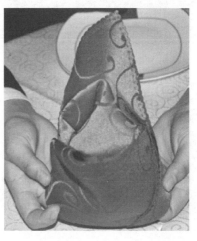

（11）船形帽

示例：

步骤：

① 将餐巾一边沿正方形的中线对折，成长方形。

② 将两条短边分别沿平行于长边的1/4线向短边中线对折，成正方形。

③ 分别翻拉最上层的餐巾，折出三角形状。

④ 翻折餐巾，将两侧的餐巾分别向短边中线对折，成正方形。

⑤ 将下端餐巾分别向上多次翻折，折出宽约为 2cm 的长条。

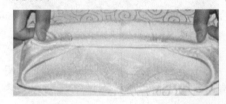

⑥ 撑开餐巾底部，放入盘中，整理成型。

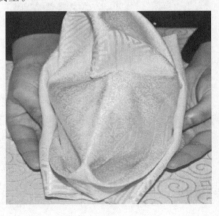

（12）主教冠

示例：

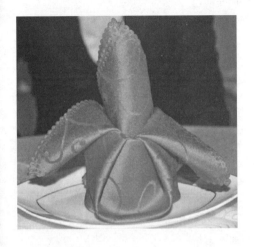

步骤：

① 将餐巾一角沿菱形对角线对折，成等腰直角三角形。

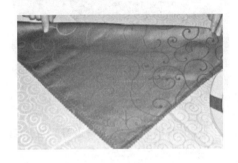

② 将斜边两角向直角端翻折，成菱形。

③ 将四个巾角的对角沿平行对角线且距对角线约为 2cm 的线翻折，折出等腰直角三角形，然后再将其反向翻折，使巾角落在斜边上。

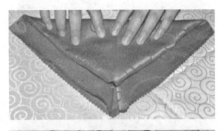

④ 翻折餐巾，将两端向中间位置翻折，并将一端插入另一端夹层中。

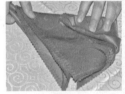

⑤ 下拉两个巾角，放入盘中，整理成型。

（13）绽放

示例：

步骤：

① 将餐巾一角沿菱形对角线对折，成等腰直角三角形。

② 在距斜边一个巾角约为5cm处向斜边另一个巾角方向捏褶。

③ 捏住折裥底端，将直角端向折裥方向卷筒。

④ 握住折裥与卷筒做底部，外拉斜边两个巾角。

⑤ 在餐巾底部插入餐巾环，放入盘中，整理成型。

（14）微风吹

示例：

步骤：

① 将餐巾一边沿正方形的中线对折，成长方形。

② 将餐巾一条短边沿平行于短边的中线向对边对折，成正方形。

③ 将餐巾一边沿中线向对边对折，成长方形。

④ 将四个巾角依次向对角翻折，间隔约为2cm，并放入盘中，整理成型。

（15）清风徐徐

示例：

步骤：

① 将餐巾一边沿正方形的中线对折，成长方形。

② 将餐巾一条短边沿平行于短边的中线向对边对折，成正方形。

③ 将四个巾角沿对角线向对角方向翻折，成等腰直角三角形。

④ 将四个巾角依次向斜边方向翻折，间隔约为1cm，放入盘中，整理成型。

（16）旗帜飘飘

示例：

步骤：

① 将餐巾一边沿正方形的中线对折，成长方形。

② 先拉起上层餐巾的一个巾角，再将其短边的邻角拉至长边中点位置，放下拉起的巾角，然后将其长边邻角做同样翻拉，成等腰直角三角形。

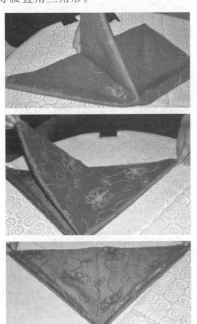

③ 将餐巾沿斜边中线对折，成等腰直角三角形。

④ 将一条直角边向对角方向对折，折出宽约为 2cm 的长条形做旗杆，放入盘中，整理成型。

（17）请柬

示例：

步骤：

① 将餐巾一边沿正方形的中线对折，成长方形。

② 将餐巾一条短边沿平行于短边的中线对折，成正方形。

③ 将最上面两层的巾角分别向对角卷筒，直至对角线。

④ 翻转餐巾，将一组对边沿三等分向对折，并放入盘中，整理成型。

（18）蜡烛

示例：

步骤：

① 将餐巾一角沿菱形对角线对折，成等腰直角三角形。

② 将餐巾斜边沿平行斜边且距离斜边约为 3cm 的线向直角方向对折。

③ 翻转餐巾，从餐巾底边一端向另一端卷筒，并将余下巾角插入夹层中。

④ 将卷筒顶端下捏褶，并拉出两个巾角做烛焰，放入盘中，整理成型。

（19）三明治

示例：

步骤：

① 将餐巾一边沿正方形的中线对折，成长方形。

② 将餐巾一条长边沿平行于长边的中线向对边对折。

③ 将餐巾两条短边分别向平行于短边的中线方向对折。

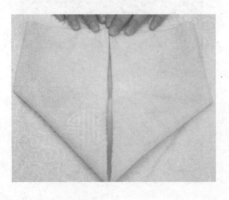

④ 翻转餐巾，将多出的餐巾最外侧的两个巾角分别向对角翻折，成菱形。

⑤ 将菱形的一个角（上图圆圈处）沿对角线向对角翻折，成等腰直角三角形。

⑥ 翻转餐巾，餐巾斜边一个角沿斜边中线向斜边另一个角翻折，并放入盘中，整理成型。

（20）一帆风顺

示例：

步骤：

① 将餐巾一边沿正方形的中线对折，成长方形。

② 将餐巾一条短边沿平行于短边的中线向对边对折，成正方形。

③ 将四个巾角端沿对角线向对边翻折，成等腰直角三角形。

④ 将斜边的两个角分别向斜边中线方向翻折，并落在斜边中线的延长线上。

⑤ 翻转餐巾，将余出的两个角向上翻折，成等腰三角形，并将餐巾沿斜边中线对折，成直角三角形。

⑥ 握住餐巾短边锐角，上拉夹层中的各个巾角，放入盘中，整理成型。

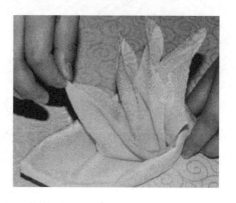

1.1.3 摆放：花型选择与摆放

（1）花型选择依据

餐厅服务员在选择餐巾花的花型时，须依据时令季节、冷拼风格、主宾的席位安排、宴会的性质与规模确定，如表1-1所示。

表1-1 花型选择方法

序号	选择依据	造型要求
1	时令季节	◆ 用餐台上的折花花型反映季节特点,使餐巾折花富有时令感
2	冷拼风格	◆ 如餐桌冷拼是"春回大地",餐巾折花可选用"飞鸟踏春"造型
3	主宾席位	◆ 宴会主人座位的餐巾折花为主花,主花要选择美观而醒目的花型,目的是使宴会的主位更加突出 ◆ 宾客席位的花型可选择与主花的颜色、特点相适应的花型,但不能比主人席位的花型夺目
4	宴会性质	◆ 婚宴可选择蝴蝶、领结、请柬等造型,表达对新人的美好祝福 ◆ 寿宴可摆出蜡烛、一帆风顺等造型,令寿星心旷神怡
5	宴会规模	◆ 大型宴会可选用简单、挺拔、美观的花型 ◆ 小型宴会可在同一餐桌上使用不同的花型,形成多样、协调的布局

（2）花型的摆放

餐巾折花的摆放要求是整齐美观、位置适当、便于观赏、使用方便，要尽可能与台布、器皿的色调和谐。

1）摆放与调整

餐厅服务员应从主位开始，顺时针摆放装盘的折花。在摆放折花时，应注意搭配得当，不同品种的花型在同桌摆放时，要将品种性状相似和外形高低、大小相似的花型错开摆放，将主花摆设在主宾、主人席位上，借以突出主位，区别其他宾客。

餐厅服务员应将折好的餐巾折花装入托盘，注意杯子与杯子之间不能靠得太近，以免餐巾花散形或变形。装盘时应遵循后放先装、先放后装的原则，即后上桌的餐巾折花先装盘，装在托盘的里面，先上桌的后装盘，装在托盘的外侧，以方便拿取。

2）注意事项

餐巾折花一般插入水杯、酒杯或摆放在食盘中，餐厅服务员叠好餐巾折花后应将其放入相关容器。餐巾折花摆放后，餐厅服务员应从主位开始，按顺时针方向对摆放情况依次进行检查与调整，操作时应注意以下5点。

① 不同形状的餐巾应区别摆放。

② 餐巾花底部较大的花型宜插在水杯中，底部较小而紧扎的餐巾花宜插在高脚杯中，对需要平摊摆放的餐巾花则宜搁置在食盘里。

③ 餐巾花插入玻璃杯中的深度应适宜。餐巾花露在杯外部分为观赏部分，是主要的，因此插放时应注意保持花型的完整。因为玻璃杯是透明的，因而杯内部分也应线条清楚，不能乱插乱塞。

④ 摆放时，应将餐巾花的观赏面对着宾客席位。若摆放宜于正面观赏的花型，如"孔雀开屏""信鸽飞翔"等，要将头朝向宾客；宜于侧面观赏的花型要选择适宜观赏的侧面角度摆放。

⑤ 各餐巾折花的摆放距离要均匀、整齐一致，不要遮挡餐具和台上用品，不能影响服务操作。

1.2
摆台服务

1.2.1 摆台1：中西餐零点摆台

（1）中餐零点摆台

1）台布选择与铺设

① 中餐零点餐桌的台布须根据餐桌的桌形与大小选择，选择原则如表1-2所示。

表1-2 台布选择原则

选择方面	具体内容
台布材质	中餐餐厅台布须选择耐磨、耐洗、易洗的材质,常见的台布材质包括纯棉类、化纤材料类及塑料类等,其特点如下所示。 ◆ 纯棉类台布吸附性能较好,但容易吸附食物的气味且不易散去,不利于餐厅的环境卫生 ◆ 化纤材料类台布耐磨、耐洗且易于清洗,但不利于吸收油污 ◆ 塑料类台布多为一次性的台布,易于打理,但不适合在档次较高的餐厅及宴会厅内使用

选择方面	具体内容
台布颜色	◆ 台布颜色须根据餐厅的装饰风格选择 ◆ 台布颜色须能刺激宾客食欲,可选择暖色系的颜色,如橙色、红色等 ◆ 台布的颜色须给宾客以整洁卫生的感觉,可选择白色,尽量少用灰色、黑色等
台布形状	◆ 台布形状须根据餐桌形状确定,一般情况下圆形的餐桌会铺设圆形的台布,方形的餐桌则多铺设方形的台布
台布大小	◆ 台布的大小须根据餐桌的大小确定,一般要求台布尺寸须比餐桌的直径或长宽尺寸多出 60~70cm 的长度

② 餐厅服务员在铺设台布前,须检查台布有无污迹或出现破损,如存在污迹或出现破损,须及时更换。中餐零点餐台台布常用的铺设方法是推拉式,有以下 2 个步骤,如图 1-1 所示。

1	铺设时应选取与桌面大小相适应的台布,站在副主人席位旁,靠近桌边,将台布用双手平行打折,向前推出,再拉回。

2	台布鼓缝面朝上,中线缝正对正、副主人席位,台布的四角和桌腿成直线下垂,四角垂直部分与地面等距,不可搭地。

图 1-1　推拉式铺设台布方法

2）餐具摆放

中餐餐具的具体摆放要求如表 1-3 所示。

表 1-3　中餐餐具摆放要求

个人餐具摆放	公共用品摆放
◆ 餐碟须离桌边 2cm 处摆放 ◆ 汤碗放在餐碟左上方,与餐碟距离为 1cm ◆ 汤匙放在汤碗内,其勺柄朝左放置 ◆ 味碟放在餐碟右上方,与餐碟的距离为 1cm ◆ 筷架放在味碟的右侧,从左至右依次将长柄汤匙、筷子垂直放在筷架上,筷尾须与台布边沿相距 1cm	◆ 花瓶须放在餐桌中心 ◆ 醋壶、酱油壶放在主人位左侧,距台布中心线 1cm 处 ◆ 盐盅、胡椒盅、牙签盅放在主人席位的右侧,距台布中心线 1cm 处 ◆ 公用筷、公用勺等公用餐具须放在公共餐具架上,摆放在正副主

个人餐具摆放	公共用品摆放
◆ 茶碟与茶杯放在筷架右侧 2cm 处,距桌边 2cm ◆ 水杯放在汤碗正前方 3cm 处,白酒杯放在味碟正前方 3cm 处,红葡萄酒杯放在白酒杯与水杯正中央 ◆ 餐巾折花可为杯花,宾客位餐巾折花造型须相同,主人位的餐巾折花须与其他宾客不同	人餐具的右前方,要求距餐具 5cm 远,其中公用勺放在靠桌心的一边,公用筷放在靠桌边的一边 ◆ 菜单放在主人席的左上方 ◆ 烟灰缸在每两个餐位正中间摆放一个,从主人主宾开始,依次摆放

3) 餐椅摆放

餐椅须先摆主人位,然后在主人位对面摆放副主人位,之后从主人位沿顺时针摆放。不同形状的餐桌应摆放不同的餐椅,摆放要求有以下 2 点。

① 圆形餐桌的餐椅为高背椅,椅边应恰好触及台布下垂部分。正主位和副主位座椅摆好后,再依次摆放其他位置餐椅,各餐椅的间距须相等,其椅背的中心须正对餐碟。

② 方形桌的餐椅可为无背餐凳,其摆放要求为从侧面看在与餐桌平行的直线上。

（2）西餐零点摆台

1) 台布铺设

西餐零点台布铺设方式一般为推拉式。若餐桌无台布设置,应摆放台垫,台垫置于该餐位的中心位置,底边与餐桌边缘平齐。

2) 餐具摆放

西餐餐具摆放有以下 6 点要求。

① 在席位的正前方摆餐盘,摆在座位正中,图案、店徽要摆正,盘沿距桌边 2cm。

② 在餐盘的右侧摆放刀、汤勺、匙,左侧摆放叉。

③ 使用时,注意花色成套,如有破损应停止使用,以免破坏食物美观。

④ 餐刀不可弯曲,刀柄不可松脱,叉子齿间不可有食物污垢,汤匙上不可有污渍。

⑤ 所有餐具均应将弯曲或边缘粗糙、可能伤人的部分剔除,不得使用弯曲或经压平的餐具。

⑥ 检查餐具的光洁,未擦出亮光的餐具不宜使用。

3) 餐椅摆放

摆设操作从餐椅正后方进行,从主人位开始按顺时针方向摆设,餐椅之间距离基本相等，相对餐椅的椅背中心对准，餐椅边沿与下垂台布相距 1cm。

1.2.2 摆台 2：中西餐宴会摆台

（1）中餐宴会摆台

1）台布铺设

中餐宴会中的台布铺设多采用撒网式或抖铺式两种方法，具体实施过程如图 1-2 所示。

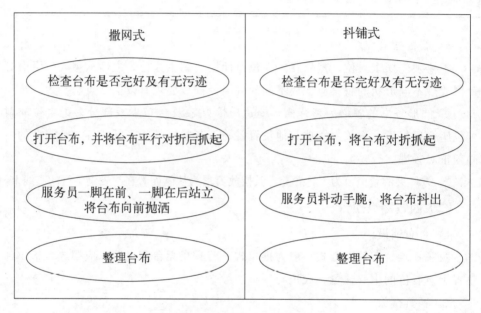

图 1-2 中餐宴会台布铺设方式

2）转台摆放

中餐宴会转台摆放有以下 4 个要求。

① 根据餐桌大小选择转台，一般要求转台的直径须比餐桌直径短 55～60cm。

② 摆放转台前须检查转台是否干净、完好，确保转台无污迹或裂痕。

③ 转盘须放在餐桌的正中央，其中心须同餐桌中心重合，且边缘须与桌边距离相等。

④ 转台摆放在餐桌后，须转动转台，检查其是否能够灵活转动。

3）餐具摆放

中餐宴会餐具的摆放要求如表 1-4 所示。

表 1-4　餐具摆放要求

个人餐具摆放	公共用品摆放
◆ 餐碟须离桌边 2cm 处摆放 ◆ 汤碗放在餐碟左上方,距离餐碟 1cm ◆ 汤匙放在汤碗内,其勺柄须朝左放置 ◆ 味碟放在餐碟右上方,距离餐碟为 1cm ◆ 筷架放在味碟的右侧,从左至右依次将长柄汤匙、筷子垂直放在筷架上,筷尾须与台布相距 1cm ◆ 袋装牙签放在长柄汤匙和筷子中间 ◆ 茶碟与茶杯放在筷架右侧 2cm 处,距桌边 2cm ◆ 水杯放在汤碗正前方 3cm 处,白酒杯放在味碟正前方 3cm 处,葡萄酒杯放在白酒杯与水杯正中央 ◆ 宾客位的餐巾折花造型须相同,主人位的餐巾折花须与同其他宾客不同。餐巾折花为杯花,须放在水杯内;若为盘花,放在餐碟内 ◆ 若为婚宴喜糖单独装盒分给宾客时,糖盒需放在餐碟左端 5cm 处	◆ 醋壶、酱油壶放在转盘上,两者相距 1cm,且距转台边 2cm ◆ 盐盅、胡椒盅、牙签盅放在转盘另一端,三盅间距离为 1cm,距转台边 2cm ◆ 公用筷、公用勺等公用餐具须放在公共餐具架上,其中公用勺放在靠桌心的一边,公用筷在靠桌边的一边 ◆ 香烟摆在主人、副主人右端,距离其餐具 3cm 处,烟盒头部朝向桌心,距离桌边 6cm,火柴或打火机平行放在香烟上,火柴头或打火机开关端同烟盒头方向一致 ◆ 烟灰缸在每两个餐位正中间摆放一个,从主人主宾开始,依次摆放

4）餐椅摆放

中餐宴会的餐椅摆放有以下 3 个要求。

① 服务员须根据宴会的主题对餐椅进行适当的装饰。

② 服务员须从主人位开始,沿顺时针方向摆放餐椅。

③ 餐椅之间的间隔须相等,椅背中心须正对餐碟,椅子边沿须同下垂的台布相切。

（2）西餐宴会摆台

1）台布铺设

西餐宴会台布的铺设须根据宴会餐台的大小及台型选择,常用的铺设方法有 2 类。

① 一字形台的台布铺设。一字形台的台布铺设,餐厅服务员可使用撒网式、抖铺式铺设方法。

② 异型餐台或大型餐台的台布铺设。异型餐台及大型餐台的台布需要多块西餐台布拼接而成,其铺设需要多人合作完成,铺设步骤如图 1-3 所示。

| 定位 | 服务员须根据台型,确定首块台布的铺设位置,一般为餐台的一端 |

| 铺设 | 两服务员分别站在餐台两侧,打开台布,每人捏住台布一侧的两角,抖开台布,铺在餐台上 |

| 整理 | 服务员须整理铺好的台布,要求各块台布的台布中线同餐台的长中心线重合,台布表面平整无褶皱,下垂部分匀称,接缝协调一致 |

图 1-3　异型餐台、大型餐台的台布铺设步骤

2）餐具摆放

西餐宴会的餐具摆放须从主人位开始,沿顺时针方向依次进行,具体的摆放要求如表 1-5 所示。

表 1-5　餐具摆放要求

餐具	摆放要求
盘、碟	◆ 餐碟放在席位中间位置,距桌边 2cm ◆ 面包盘放在餐碟左侧,距离餐碟 4cm,其轴线与餐碟的中轴线对齐,盘边距桌边 5cm ◆ 黄油碟摆放在面包盘上方,距离放在面包盘的黄油刀的刀尖 3cm
刀、勺	◆ 主餐刀、鱼刀、汤匙、头盘刀从左至右依次摆放在餐碟右侧,相互平行且与桌边垂直 ◆ 黄油刀放在面包盘上靠右的 1/3 处,与桌边平行 ◆ 餐刀的刀面须向上,主餐刀、鱼刀、头盘刀的刀刃向左,黄油刀的刀刃向右 ◆ 主餐刀、鱼刀、汤匙、头盘刀的摆放间距为 0.5cm ◆ 主餐刀与餐碟距离为 1cm,甜品勺同餐碟距离为 1.5cm ◆ 主餐刀、头盘刀的刀柄及汤匙勺柄距桌边 2cm,鱼刀刀柄距桌边 5cm
餐叉摆放	◆ 主餐叉、鱼叉、头盘叉从右至左依次摆放在餐碟左侧,相互平行且与桌边垂直 ◆ 甜品叉水平放在餐碟与甜品刀中间 ◆ 主餐叉、鱼叉叉面向上,摆放间距为 0.5cm ◆ 主餐叉与餐碟相距 1cm,主餐叉、头盘叉的叉柄距桌边 2cm,鱼叉的叉柄离桌边 5cm ◆ 甜品叉的叉尖向右,距餐碟 1cm,距甜品刀 0.5cm
酒具摆放	◆ 水杯放在主餐刀上方延长线上,杯底距离主餐刀刀尖 2cm ◆ 红葡萄酒杯摆在水杯右下方,白葡萄酒杯摆在红葡萄右下方,三个杯底中心连线与桌边成 45°角,杯壁间距为 0.5cm

续表

餐具	摆放要求
餐巾摆放	◆ 西餐宴会中的餐巾折花一般为盘花，须放在餐碟中
调味品、牙签	◆ 将胡椒盅、盐盅、牙签盅按照四人一套的标准摆放在餐台的中线上 ◆ 盐盅放在正中央，胡椒盅在盐盅的左侧，距离 1cm，牙签盅摆在盐盅右侧，距离 1cm ◆ 三盅连线距离花瓶的距离相等
烛台	◆ 晚宴须在餐桌摆放烛台，烛台摆放在插花及三盅中间，要求每个烛台距离花瓶距离相等，且烛台与花瓶的中心连线在同一直线上
烟灰缸	◆ 烟灰缸在每两个餐位正中间摆放一个，从主人右侧开始，依次摆放

3）餐椅摆放

西餐宴会的餐椅须根据宴会的主题进行适当的装饰，两两相对摆放在餐台的两边，椅边须与下垂的台布相切。餐椅间距须相等，且餐椅中心连线与桌边平行。

1.2.3 摆台 3：冷餐会摆台

（1）台布、台裙铺设

冷餐会中各个餐台须铺设台布与台裙，其具体的要求如图 1-4 所示。

台布铺设
◎ 台布为长方形或正方形台布
◎ 台布的颜色多为白色等浅色系
◎ 冷餐会中的台布铺设方法是推拉式、撒网式、抖铺式或多人合作铺设

台裙铺设
◎ 服务员顺延餐台将台裙围在桌沿处的台布上，每隔20cm用一个尼龙搭扣固定
◎ 台裙顶边须平整，不得凸起或凹下
◎ 台裙下垂部分须均匀、整齐，且能遮住桌角

图 1-4　台布、台裙铺设要求

（2）摆台要求

冷餐会摆台有以下 8 点要求。

① 造型菜须放在主菜台中央，其他菜点一式两份，对称摆放在造型菜四周，热菜须用保暖炉保温。

② 餐具的数量须是用餐宾客数量的 1.5 倍，须摆放在菜台两端，且须用餐巾覆盖。

③ 酱油、醋、盐、胡椒等调料须依次摆放在调味品台或统一摆在菜台的一端。

④ 酒水按照类别分类摆放在酒台上，酒具也须按照类别分类摆放在酒水旁边。

⑤ 水果依次摆放在水果台上，并每隔2～3盘摆放公共餐盘，果盘放在水果台一端，沙拉酱、千岛酱等酱料放在水果台的另一端。

⑥ 点心须切成方便宾客入口的大小放在餐盘中，并依照其口味依次排放在点心台上，点心叉、点心盘放在水果台的一端供宾客取用。

⑦ 如有用餐台，插花须放在餐台一端的中央，餐巾纸放在插花的一端。

⑧ 插花如需放在主菜台、酒水台、水果台上，还分放在餐台的四周，并注意不得影响餐台物品的取用。

1.2.4 摆台4：自助餐摆台

（1）自助餐摆台要求

自助餐摆台过程中用具准备、台型设计、台面检查的要求如图1-5所示。

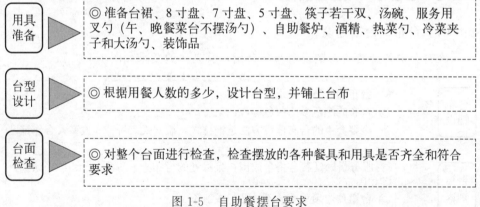

用具准备 ◎ 准备台裙、8寸盘、7寸盘、5寸盘、筷子若干双、汤碗、服务用叉勺（午、晚餐菜台不摆汤勺）、自助餐炉、酒精、热菜勺、冷菜夹子和大汤勺、装饰品

台型设计 ◎ 根据用餐人数的多少，设计台型，并铺上台布

台面检查 ◎ 对整个台面进行检查，检查摆放的各种餐具和用具是否齐全和符合要求

图1-5 自助餐摆台要求

（2）摆台步骤

自助餐摆台有以下4步。

① 采取推拉式或撒网式铺设台布，铺好后，围上台裙。

② 将自助餐炉整齐地摆放好，并配备好取菜夹子及菜勺。

③ 早餐在甜食旁整齐地摆上甜食勺和碗。午、晚餐在汤锅旁边摆上汤碗及汤勺，水果旁摆水果刀、叉。在冷菜台和热菜台分别准备好7寸盘、8寸盘。在冷饮机旁备好水杯。

④ 把装饰品摆在适当的位置上，摆放时必须牢固。

1.2.5 摆台5：会议茶歇摆台

（1）台布铺设

餐厅服务员应根据会议的主题、风格选择合适台布。餐厅服务员可使用撒网式、抖铺式或多人合作的台布铺设方法。

（2）摆台要求

会议茶歇摆台要求如图1-6所示。

插花摆放	◎插花须摆放在餐台的中央 ◎插花的最佳观赏面须面向宾客的位置
茶具摆放	◎如宾客需自行倒茶，可每3～4人配置一个茶壶，放在中间位置上 ◎茶碟须放在坐席右方，距中心线距离8cm，距桌边3cm，茶杯放在茶碟上；如没有茶碟，茶杯放在茶碟的摆放位置 ◎茶杯如有杯把，杯把须向右放置 ◎茶杯如配有杯盖，杯盖须放在茶杯上
食品摆放	茶话会中的食品多为糕点、花生、瓜子、糖果、水果，其摆放有2种形式 ◎各类食品分别装在大餐盘中，摆放在餐桌中央 ◎各类食品混装在小餐盘中，放在每位宾客坐席的左方，距离茶杯16cm，距离桌边3cm处

图 1-6　会议茶歇摆台要求

1.2.6 摆台6：酒会摆台

（1）铺设台布

酒会中的酒台多为长方台及小圆台，因此酒会中的台布一般为长方形、圆形，而台布的颜色一般为白色，或根据酒会的主题选择其他冷色系的颜色。酒会台布的铺设方法常用的是推拉式、撒网式及抖铺式，具体的铺设要求是台布须平整、无褶皱。

（2）酒台摆放

1）酒水摆放要求

酒水摆放要求如图1-7所示。

2）酒具摆放有要求

① 酒会中的酒具数量一般是宾客的3倍。

② 酒具可随所盛酒水一同摆放，也可单独放在酒具台上。

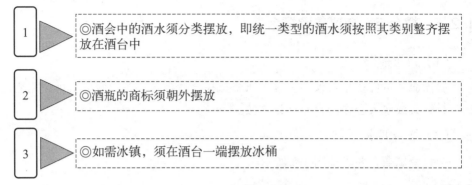

1	◎酒会中的酒水须分类摆放，即统一类型的酒水须按照其类别整齐摆放在酒台中
2	◎酒瓶的商标须朝外摆放
3	◎如需冰镇，须在酒台一端摆放冰桶

图 1-7　酒水摆放要求

③ 酒具须根据其类别，分类整齐摆放。酒会中常见的酒具有葡萄酒杯、香槟杯、白兰地杯、鸡尾酒杯、科林杯、烈酒杯、高脚果汁杯。

（3）餐台摆放

酒会中若准备餐台，其摆放要求有以下 3 点。

① 餐台内食品须切成方便入口的大小，放在餐盘中。

② 餐盘须根据餐台的形状、大小进行摆放。

③ 餐叉、餐勺、餐盘须集中放在餐台一端，供宾客取用。

1.2.7　摆台 6：中西餐餐台插花设计

（1）中餐餐台插花设计

中餐厅中的餐台插花一般为半球形的插花。中餐厅内的半球形的插花特点是四面的观赏效果完全一致，花材使用量较大，其设计要求为高度不得超过 30cm，且须采用暖色系的花材进行搭配，具体效果如图 1-8 所示。

俯视　　　　　　　　　　　　　　　平视

图 1-8　中餐厅餐台插花效果图

（2）西餐餐台插花设计

西餐厅中的餐台插花须使用半椭圆形的插花。半椭圆形插花要求插花造型呈半椭圆形，其具体的要求为在俯视插花时，插花的椭圆造型须明显且对称，具体效果如图 1-9 所示，而从正面看，插花的弧线须呈彩虹状。

图 1-9　西餐厅插花效果图

1.3
工作台准备

1.3.1　准备 1：工作台设置与准备

工作台是服务员在用餐期间为宾客提供服务的基本设备。既是餐厅服务员接待宾客、提供收银服务的场所，也是储存各种常用服务用品、中转菜品、调配酒水、佐料的场所。

（1）工作台设置原则

餐厅在设置工作台时要遵循以下原则，如表 1-6 所示。

表 1-6　工作台设置原则

序号	准备原则
1	工作台的材质与颜色要突出餐厅主旨,体现餐厅经营理念与特色
2	工作台的准备要遵循实用原则,既要方便宾客用餐,又要耐磨、耐脏,便于餐厅服务员清洁

序号	准备原则
3	在准备工作台时要询问宾客对于工作台是否有特殊要求
4	准备的工作台最好轻快又便捷,在宾客就餐时方便随时挪动和摆放
5	工作台准备的数量要根据使用同一工作台的服务员人数以及相对应的餐桌数量来定

(2) 工作台准备步骤

工作台准备步骤如图 1-10 所示。

1 根据餐厅经营主旨、理念以及装饰风格确认工作台材质、颜色以及大致尺寸

2 根据餐厅服务方式以及菜单内容确定工作台必须具有的功能

3 根据餐厅规模、用餐高峰期宾客人数以及配备的服务员数量准备对应的工作台

4 确定所需工作台数量以及质量样式后,向餐厅有关负责人报备,再准备相应工作台

图 1-10　工作台准备步骤图

(3) 不同区域工作台准备

在餐厅中不同位置的工作台承担着不同的功能,详细说明如表 1-7 所示。

表 1-7　不同区域工作台功能

摆放区域	尺寸	承担功能
前厅	前厅工作台的尺寸视整个餐厅大堂面积而定	前厅的工作台是整个餐厅服务端核心,既有一定的接待功能,又是所有服务用品的总提供处
大厅	大厅工作台一般由两张会议桌拼接而成,或是可折叠宴会桌组成,可折叠宴会桌的尺寸一般为 1200mm×400mm、1800mm×450mm	大厅中的服务台一般作为各种服务用品的临时存取点;除此之外,还承担着餐厅服务员上菜过程中的中转站作用;与此同时,配备酒水、制作佐料以及分菜都在这进行

摆放区域	尺寸	承担功能
包厢	包厢工作台尺寸一般宽度为500～700mm,长度为1000mm,但是并不固定,具体根据包厢大小设计	包厢中的工作台除常规功能外,更多具备的是菜品中转以及分餐的作用

1.3.2 准备 2:工作台物品准备与摆放

(1)工作台常规物品准备

餐厅服务员在将工作台摆放整齐之后,就要准备工作台上所需物品,如台布、餐具、装饰物等,具体物品如表 1-8 所示。

表 1-8 工作台所需物品

物品	具体说明
餐具	中餐用具包括骨碟、汤碗、筷子、汤勺等;西餐用具包括餐盘、刀叉、甜点刀、黄油刀、面包盘等
花卉及花瓶	餐厅中一般选用玫瑰、百合、满天星等花卉,也可以根据宴会主题选择,再配以相应的花瓶
台布	台布是工作台必备物品之一,具体台布样式、质地的选择要根据宴会主题而定
小物品	烟灰缸、小毛巾、牙签、打火机等一些必要的物品
菜单及座位牌	准备与宴会规格相对应数量的菜单以及带有号码的座位牌
托盘	准备一定数量、不同材质的托盘,供餐厅服务员在服务需要时直接使用
茶叶及茶水等饮用物品	在工作台上备好相应的饮用物品,以便在宾客有需求时能够第一时间为其服务

(2)工作台常规物品摆放要求

工作台上物品的摆放不仅要整齐规范、艺术美观,还要考虑到宾客使用的便捷程度与服务人员能够方便提供服务,物品摆放要求具体有以下 5 点。

① 宴会中的花卉及花瓶一般摆放在工作台中心,不仅不会影响到宾客以及餐厅服务员对于工作台的使用,而且还能烘托出餐厅热烈、高雅的氛围。

② 台布是工作台上必备的物品之一,餐厅服务员根据宴会主题来选择台布的质量与样式,然后将台布十字居中摆放,四角均匀下垂,盖住桌腿。常见的铺台方式有推拉式、撒网式、抖铺式等。

③ 茶水及茶壶等要放置在工作台里侧,周围不要放置纸巾等易湿物品,一

是防止有人会被热水烫伤；二是避免出现水壶被碰倒的可能性。

④ 餐品用具在准备时要根据宴会规格与宾客数量进行准备，物品花纹要对正，摆放时要整齐、规范，做到既干净、卫生，又兼具美观性与实用性。

⑤ 菜单、座位牌与托盘一般是餐厅服务员进行服务时所用到的物品，所以它们的摆放位置一定要在餐厅服务员能够容易拿到，并且在拿取时不会影响到其他物品摆放的地方。

（3）常规物品摆放注意事项

常规物品摆放注意事项如图 1-11 所示。

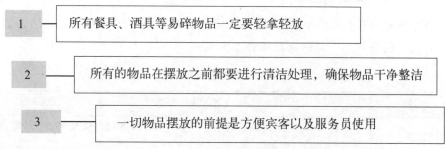

图 1-11　工作台物品摆放注意事项

1.3.3　准备 3：工作台清洁与整理

在宾客就餐结束，离开餐厅后，餐厅服务员需要及时清理工作台，保持餐厅清洁以接待下一批宾客用餐。

（1）准备清洁工具

一定的清洁工具可以提高餐厅服务员的效率，减轻服务员的工作负荷。一般来讲，常用的清洁工具有收台车、餐具周转箱、托盘、抹布、垃圾袋等，具体说明如表 1-9 所示。

表 1-9　工作台清洁工具

收台工具	具体说明
收台车	◆ 收台车一般装备有废物桶和餐具盘，通常分为单层和多层 ◆ 根据宴会规格大小配有不同大小、数量的收台车 ◆ 不同类别的餐具可以放置在收台车的不同收纳层
餐具周转箱	◆ 餐具周转箱是餐厅清洁时的常用工具之一，主要用来存放撤换下来的餐具，在餐后统一送至清洗中心清洗 ◆ 餐具周转箱也可用来配送已经消毒清洁后的餐具，但是要注意与运送撤换下来的餐具的周转箱应区分使用

收台工具	具体说明
托盘	◆ 按照材质区分可以分为塑料托盘、金属托盘以及木质托盘；按照形状又可以分为长方形托盘和圆形托盘 ◆ 托盘在清洁时主要用来收集较小餐具
抹布	◆ 抹布是用来对工作台以及餐台的表面进行擦拭 ◆ 清洁用抹布一定要与厨房用抹布分开使用
垃圾袋	◆ 垃圾袋与垃圾桶配合使用，防止废物抛洒，汤水洒落一地

（2）工作台清洁步骤

在清洁工具准备一应俱全以后，就要开始对工作台进行清洁，以保证餐厅整洁美观的良好形象，清洁步骤如图 1-12 所示。

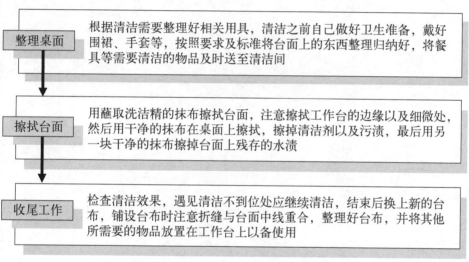

图 1-12　清洁工作台的步骤

（3）工作台清洁标准

餐厅服务员的清洁工作，在自我检查以及上级检查时，要符合清洁标准，见表 1-10 所示。

表 1-10　工作台清洁标准

序号	具体要求
1	工作台台面及边缘细缝处不能留有污渍、杂物，台面上不得有刮痕等
2	工作台表面光亮、无水迹手印等其他印记
3	清洁后必须更换新台布，台布铺设必须符合标准
4	整理干净后将所需物品，如餐具、纸巾、装饰物等按照要求重新摆放

（4）工作台清理注意事项

餐厅服务员在进行工作台清理时，注意如表 1-11 所示事项。

表 1-11　工作台清理注意事项

序号	注意事项
1	在清理过程中如遇到宾客遗失掉落的物品，及时收纳好，并向上级汇报
2	注意地面的整洁问题，清洁中也要随时打扫地面，防止出现因地面有水迹而使人滑倒的现象
3	根据工作台材质选择相应的清洁剂，避免造成工作台腐蚀的情况
4	对于台面上较难去除的污渍，应选择合适的工具和清洁剂配以适当的方法去除，不可使用钢丝球、刮刀、砂纸等物品，避免刮坏台面

第 2 章

接待服务

2.1

餐前接待步骤

2.1.1 第1步：接待准备

迎宾接待是餐饮工作中重要的组成部分，也体现着餐饮企业的服务质量，是一家餐饮企业对外展示的重要途径，因此迎宾接待工作的重要性显而易见。那么为来宾提供舒适与整洁的用餐环境和热情、细致的用餐服务以及宾至如归的用餐体验等是整个餐厅服务工作中追求的目标，而要想实现目标的前提之一就是做好迎宾接待准备。

（1）到岗准备

餐厅服务员须准时到岗，按照规定的仪容仪表进行着装，确保自身形象符合餐厅要求，以达到给宾客留下良好印象的目的，仪容仪表具体要求如表2-1所示。

表 2-1　仪容仪表具体要求

要求项目	具体内容
制服	◆ 工作期间必须身着统一制服，制服须干净整洁，无破损，扣子以及衣服下摆都要整理好 ◆ 鞋袜颜色须与制服颜色保持一致，无异味，无破损 ◆ 首饰佩戴不宜太过夸张，整体佩戴应和整体形象相符
外形	◆ 男士头发长短适宜，女士头发应整洁大方，发型以简洁、干练为主 ◆ 男士面部应干净大方，女士以淡妆为主，不可化浓妆 ◆ 手部卫生应干净整洁，男女指甲长度适中，女士指甲油尽量以浅色为主
胸卡	◆ 工作期间必须佩戴胸卡，胸卡应统一佩戴在胸口左上方 ◆ 胸卡上不得涂改、故意磨损，胸卡上的字迹应清晰可见

到岗后应向上一班次负责人询问工作情况，了解上一班次尚未处理完的工作以及遗留的问题，并进行交接，避免出现宾客点餐时无人接应的情况。在了解完相关情况后，继续开展下一班次的准备工作。

（2）礼仪准备

除上述提到的仪容仪表的要求以外，餐厅服务员还应熟练掌握其他礼仪规范。

1）微笑礼

微笑要遵循标准，即"三米及六齿"，也就是说要让宾客在三米左右就能看见餐厅服务员露出六颗牙齿的微笑，同时餐厅服务员还应注意牙齿的清洁，给宾客留下良好印象。

2）问候礼

当宾客进入餐厅时，及时向宾客问候，可以以时间为主进行问候，比如"女士/先生，早上好"；在节日期间，也可以以节日为主进行问候，比如"女士/先生，元旦快乐"。

3）握手礼

一般情况下，餐厅服务员不应主动和宾客握手，但是如果宾客要与餐厅服务员握手的话，那就一定要注意礼节。

标准的握手礼是：两人相距约一步，上身前倾，幅度不宜过大，伸出右手，四指并齐，拇指张开，手掌与地面垂直与对方相握，轻握手指部分，握手持续大概两三秒后松开，握手时注视对方，微笑示意，并向其问候"见到您真高兴"。

（3）站立位置及站姿准备

在宾客到来之前，餐厅服务员应身着制服，面带笑容，保持正确的站立姿势，站在适当的位置，做好随时有人进来的准备。

1）站姿规范

① 男餐厅服务员的站姿应保持身体挺直，抬头挺胸，两眼平视前方，面带微笑，双肩平直，双手背于身后，右手搭在左手上，禁止叉腰或者将手臂抱于腹前，身体禁止左右摇晃。

② 女餐厅服务员的站姿应保持身体端正，抬头挺胸收腹，目视前方，双臂自然下垂，双手交握于腹前，右手搭在左手上，双腿并拢，双腿之间没有间隙，双脚呈"V"字形站立。

2）站立位置

在正式开始迎宾之前，为表示对宾客的欢迎，应安排部分餐厅服务员站立在门口两侧靠近门口一米的位置，做好推门迎客的准备。同时店内主道两侧也应安排对应的餐厅服务员，当有客人走进餐厅时，面带笑容热情问候。

（4）其他准备工作

① 检查餐中使用工具是否准备齐全，如垃圾夹、毛巾、托盘、清洁用具等。

② 调整餐厅背景音乐，查看音量、风格是否适宜。

③ 调节餐室温度，查看是否合适。

④ 维护与摆放绿植，保证生长状况良好，摆放美观。

2.1.2　第2步：迎接问询

做好前期准备工作以后，要给宾客留下一个好的印象，那么迎宾工作就是重中之重。良好的迎宾形象、舒适的迎宾服务以及热情的迎宾态度都会给宾客留下难以忘怀的记忆，因此做好迎宾问询工作至关重要。

（1）鞠躬迎接宾客

餐厅服务员在接待来宾时，应按照要求进行着装，站在相应的位置上欢迎来宾，见到宾客来临时，面带微笑，主动上前，向宾客鞠躬致意，为其开门，并且询问是否有预约，言语温和，声音清晰，态度亲切，给人宾至如归的体验。

为了表示对宾客的尊重以及热情，当宾客到来时，最好的办法就是鞠躬问好，再引领客人入座。鞠躬幅度一般分为90°、45°以及15°，通常情况下以45°和15°为宜，90°只有在遇到特殊情况以及接待特殊贵宾时才会采用，为形成统一的操作规范，鞠躬礼仪步骤如图2-1所示。

1	首先在看见宾客自门口走来，面带微笑，做好鞠躬准备
2	在距离宾客大约1.5m的时候，大声说"欢迎光临"
3	与此同时，男餐厅服务员双手贴在裤缝上，女餐厅服务员双手握于腹前，身体微微前倾，前倾幅度在15°左右
4	待行完鞠躬礼后，再走上前，在宾客身侧微微靠前一步的位置上引领宾客入座
5	待宾客入座好后，拿出菜单，询问相应用餐事宜

图2-1　鞠躬礼仪步骤

（2）问询工作

1）迎宾语言规范

餐厅服务员在进行迎宾服务工作中，与宾客交流是不可避免的，因此言辞得当尤为重要，而必要的话术规范更是必备技能，如表2-2所示。

表 2-2 迎宾问询的话术规范

序号	具体情况	问询标准用语
1	迎接问候	"女士/先生,早上/中午/晚上好!"或者"欢迎光临!"
2	问询用餐人数	"女士/先生,请问是几位用餐呢?"
3	问询是否预订	"女士/先生,请问您是否有预订呢?"
4	确定宾客有预订	"女士/先生,请您跟我往这边来!"
5	确认没有预订	查看餐厅情况,如果有合适空位,引领宾客过去;如没有合适空位,需要等位,则问询宾客"不好意思,现在店内没有合适位置,您可否在等位区稍等片刻。"
6	宾客点菜	在宾客提出点餐要求后,上前询问"您好,您这边需要什么?"如果宾客没有明确要求,可根据具体情况进行推荐,"您好,给您推荐一下我们的招牌菜。"

2)交流要点

在迎宾服务期间,如果宾客主动与餐厅服务员进行交流,服务员需注意以下几点。

① 宾客进行交谈时,应态度诚恳,面容可亲,声音不可过大或过小,尽量以对方能听清为主,肢体协调,不可出现不雅举动。

② 谈话内容尽量以工作内容为主,也可涉及餐厅、菜肴、天气等,但是不可涉及宾客的年龄、职业、宗教信仰等隐私问题。

③ 与宾客进行交流时,要保持站立姿势,注意倾听对方讲话,如果没有听清宾客需求,则耐心地再次向宾客询问,不可急躁或者不耐烦。

④ 如有事情需要离开,提前向宾客说明情况,不要不打招呼就离开,出现宾客找不到人的情况。

(3)迎接问询注意事项

① 当宾客携带物品进入餐厅内用餐时,餐厅服务员应根据具体情况及时将宾客手中物品接到自己手上,尤其是在宾客物品较多的时候,更应该及时提供帮助。

② 餐厅服务员应及时关注进入餐厅的是否有老弱孕幼等,对于这类人群应及时提供帮助,或上前搀扶老人,或照顾孕妇口味,或看顾小朋友。

③ 餐厅服务员需要做到"耳听四面,眼观八方",时刻关注宾客的需求,立刻走到宾客身侧,倾听宾客需求。如果不能立刻到宾客身边,应及时示意,表示

自己已经注意到了，并且马上过去或者请求距离较近的餐厅服务员帮忙。

2.1.3 第3步：宾客引位

（1）宾客引位

1）宾客引位动作

在宾客进入餐厅后，将宾客引领至餐位时所做的动作也要规范化、标准化，引位动作如下。

① 首先向宾客确认餐位号，注意礼貌用语，如"女士/先生，您所预订的桌位号是在××号吗？请随我来"，同时手臂示意。

② 餐厅服务员应左手手拿菜单，夹于左手内侧，于宾客右前方两到三步的距离处为宾客引路。

③ 行至餐位前，向宾客表明，"您好，您的位置到了，请坐"，同时手臂做出"请"的姿势，具体步骤拆解如图2-2所示。

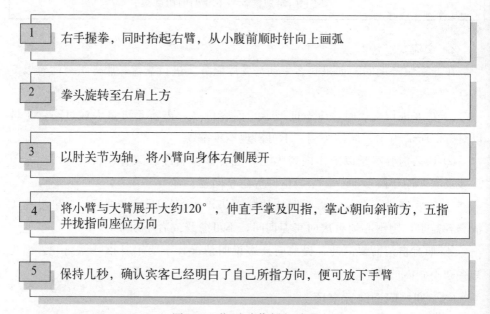

图 2-2　指引动作拆解步骤

2）宾客引位步骤

一般宾客引领分为两种情况：一种是宾客在来到餐厅之前就已经预订好了，这种情况直接由餐厅服务员引领宾客走到桌位即可；另一种情况就是宾客是临时散客，并没有预订，那么就需要迎宾服务员及时寻找合适的餐厅位置进行引领。

① 为预订宾客引领。操作步骤如图2-3所示。

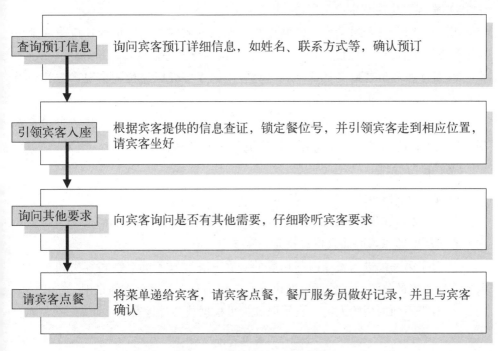

查询预订信息	询问宾客预订详细信息，如姓名、联系方式等，确认预订
引领宾客入座	根据宾客提供的信息查证，锁定餐位号，并引领宾客走到相应位置，请宾客坐好
询问其他要求	向宾客询问是否有其他需要，仔细聆听宾客要求
请宾客点餐	将菜单递给宾客，请宾客点餐，餐厅服务员做好记录，并且与宾客确认

图 2-3　预订宾客引领步骤

② 为未预订宾客引领。操作步骤如 2-4 所示。

询问就餐信息	问清楚宾客具体几人用餐及是否有特殊要求
查询合适餐位	根据顾客提供的用餐人数及用餐要求，查询符合要求的餐位
引领宾客入座	餐厅服务员将宾客带至相应位置
请宾客点餐	请宾客点餐，餐厅服务员做好记录，并且与宾客确认

图 2-4　未预订宾客引领步骤

3）宾客引位注意事项

① 餐厅服务员若遇见餐位已满但宾客愿在等候区等位的情况，应耐心地将宾客引领至等候区，并且准备好小零食、一次性水杯等，请宾客稍等。

② 餐厅服务员若遇见餐位已满但宾客不愿在等候区等位的情况，应礼貌地将宾客送离，并欢迎下次光临。

③ 在引位过程中，餐厅服务员应时刻注意宾客步伐，不可过快或过慢。在拐角处或者台阶处时刻提醒宾客"这边请"或者"请小心台阶"。

（2）餐位安排

1）餐位安排技巧

餐厅服务员在进行餐位安排的时候，不仅要考虑宾客的需求，还要考虑到外面人看餐厅的印象，因此餐位安排是一项技巧。

① 对于第一批进入餐厅内部用餐的宾客，餐厅服务员应将宾客引领至餐厅入口或者靠窗的位置，为餐厅营造出热闹、繁华及人气很旺盛的氛围。

② 对于不同的用餐人群，餐厅服务员可根据技巧进行安排，如表 2-3 所示。

表 2-3　餐位安排技巧

宾客类型	餐位安排
情侣	安静、靠窗的位置
老弱孕幼	靠门近，过道比较宽敞，相对较安全的位置
性格开朗人员	比较热闹、视野开阔的位置
面色不佳人员	比较僻静、无嘈杂的位置
商务人员	靠近充电接口、方便办公的位置

③ 对于不同数量的宾客，餐厅服务员应合理安排餐位，餐桌的容纳以及利用应尽可能地实现最优化，避免出现大餐桌人数少或者小餐桌人数多的情况，以实现餐厅服务能力的最大化。

2）餐位安排注意事项

① 倾听宾客需求。除上述技巧之外，若遇见客人有特殊要求的情况，在合理范围内应尽量满足。比如，有的宾客需要谈事情，需要用餐位置安静、明亮，这时，餐厅服务员就应该将宾客引领至合适位置。

② 礼貌对待宾客。餐厅服务员在不能满足客人所提要求或是餐厅满客的情况时，应礼貌询问宾客"不好意思，您需要的位置已经有人了，您看这边可以吗"或者"不好意思，餐厅已经满客了，您可否到等候区稍等一下呢"，全程注

意言辞的礼貌性，不能给宾客留下不好的印象。

③ 引领客人至餐位后，为宾客拉椅子让座。餐厅服务员将宾客引领至餐位后，主动上前帮助宾客拉开椅子，此时，餐厅服务员要将手放在椅背两侧，手掌用力向外拉出，拉到大概一个身位或者30cm的时候，请宾客落座。待宾客将要落座时，微微将椅背向前推一下，以宾客舒适为主。

④ 礼貌离开。餐厅服务员待宾客入座后，将菜单双手递给宾客，等待宾客点餐结束，礼貌地向宾客重复一遍所点菜单，得到确认后，向宾客说明情况，面带微笑，微微后退，转身离开。

2.2
点单服务步骤

2.2.1　步骤1：零点点单服务步骤

零点服务是餐厅服务中最为常见的一种服务，也占据了整个餐厅营业收入的"半壁江山"，因此零点接待服务做得好与不好，直接影响餐厅的收益和形象。

零点宾客用餐有着与宴会宾客用餐不一样的特点，这直接关系着餐厅服务水平，因此对特点进行分析十分有必要，零点宾客就餐特点如图2-5所示。

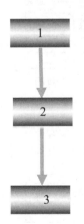

1　宾客就餐需求多样化，零点宾客较为分散，来自不同的国家、地区、民族，也有着不同的口味习惯、宗教信仰以及用餐要求

2　宾客就餐时间不固定，用餐时间交错，并不是随着餐厅正常营业时间有规律地进入餐厅用餐，因此持续时间较长，对餐厅服务员持续服务的能力要求比较高

3　由于宾客就餐的标准、目的、要求不同，所以对于就餐环境的要求也不同，这要求服务员能够根据宾客需求及时安排对应的座位

图 2-5　零点宾客就餐特点

（1）零点接待服务步骤

零点接待服务步骤如图 2-6 所示。

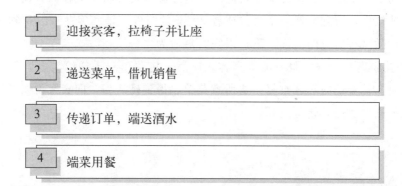

1　迎接宾客，拉椅子并让座

2　递送菜单，借机销售

3　传递订单，端送酒水

4　端菜用餐

图 2-6　零点接待服务步骤

（2）零点宾客接待服务步骤说明

① 迎接宾客，拉椅子让座。餐厅服务员注意到有人进入餐厅时，立即向前迎接，并且向宾客致以问候，了解宾客是临时用餐还是已进行过预订。主动引领，根据宾客的人数以及要求，将宾客带至合适的位置并拉椅让座。

② 传递菜单，借机销售。点单环节是整个零点服务的核心，也是餐厅服务员展现沟通技巧与销售技巧的最佳时机，零点点单服务步骤如图 2-7 所示。

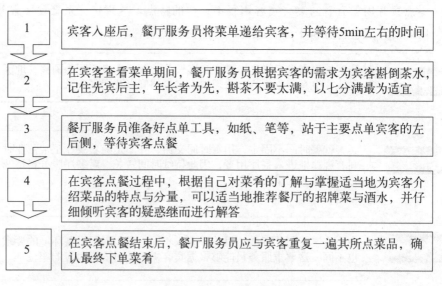

1　宾客入座后，餐厅服务员将菜单递给宾客，并等待5min左右的时间

2　在宾客查看菜单期间，餐厅服务员根据宾客的需求为宾客斟倒茶水，记住先宾后主，年长者为先，斟茶不要太满，以七分满最为适宜

3　餐厅服务员准备好点单工具，如纸、笔等，站于主要点单宾客的左后侧，等待宾客点餐

4　在宾客点餐过程中，根据自己对菜肴的了解与掌握适当地为宾客介绍菜品的特点与分量，可以适当地推荐餐厅的招牌菜与酒水，并仔细倾听宾客的疑惑继而进行解答

5　在宾客点餐结束后，餐厅服务员应与宾客重复一遍其所点菜品，确认最终下单菜肴

图 2-7　零点点单服务步骤

③ 传递订单，端送酒水。在宾客点餐结束之后，餐厅服务员将订单送至厨房以及前台，请厨房按单准备，在等菜期间，去前台取来宾客所需酒水，带至宾客面前将其打开，然后依次为宾客斟倒，将还有剩余酒水的瓶子放置在合适的位置，并将已经空了的瓶子撤掉。

④ 端菜用餐。按照顺序将菜品传送至宾客面前，并向宾客介绍菜名，待到所有菜品全部上齐之后，请宾客慢用。

在宾客用餐期间，餐厅服务员要随时关注宾客用餐状态，不断积极主动地为宾客提供服务，及时为宾客更换餐碟，提供纸巾，随时注意餐桌整洁，给宾客提供良好且难忘的用餐体验。

2.2.2 步骤2：网络点单服务步骤

网络技术日益发达，仅仅依靠店内堂食是不够的，依托于网络平台的小程序点餐与外卖点餐飞速发展，网络平台服务也日益健全。

（1）堂食电子点单步骤

1）餐厅网络平台选取

堂食电子点单包括多种形式，比如微信小程序、各种餐饮服务软件以及电子菜谱等，一般情况下餐厅可以根据自己实际情况来进行选取，确定更加方便的点餐系统，如图2-8所示。

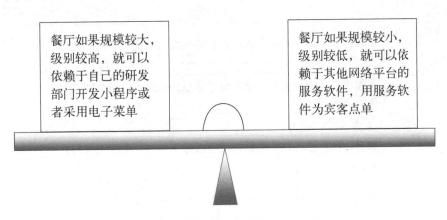

图 2-8　餐厅网络点餐平台选取图

2）餐厅网络后台设置

不论是依附于小程序，还是服务软件进行的点单操作，都需要餐厅在后台设置相关事项，如表2-4所示。

表 2-4　网络后台设置事项

序号	具体说明
1	设置好菜单分类,并将菜品图片与菜品名称一一对应,设定好价格与折扣
2	设置好桌号点餐,支持多人点餐,当宾客用小程序点餐时,就可以看见自己的桌号、同桌加入人员以及同桌人员所点菜品
3	设置自动打印订单,宾客提交订单之后,订单可以直接在厨房打印出来,订单信息包括桌号、用餐人数、菜品详情、宾客备注等,一目了然
4	设置付款方式,分为直接付款和餐后付款,宾客可以根据自身意愿选择付款方式
5	设置餐厅会员识别,识别宾客是否是本餐厅会员,餐厅服务员依此判断是否可以提供相应的会员服务;增加会员介绍部分,宾客可依自身意愿选择是否成为餐厅会员

3）电子点餐

当宾客进入餐厅,餐厅服务员按照正常步骤将宾客接引入座后,就可以提醒宾客用电子设备扫描小程序进行点餐,电子点餐步骤如图 2-9 所示。

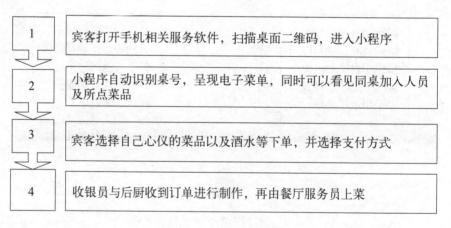

图 2-9　电子点餐步骤

4）网络平台点单注意事项

① 小程序点单可以很大程度上减少一定的服务人员,节约餐饮成本,但是不能将小程序点单作为唯一点单方式,要让宾客自己选择是否要用小程序点单。

② 对于一些不能熟练掌握智能手机使用功能的老年人，餐厅服务员可以指导并协助其点餐，或是直接使用纸质菜单为其提供服务。

③ 餐厅在采用小程序点单的同时要注意保护宾客的隐私，考虑宾客的实际感受。

（2）外卖平台服务步骤

1）外卖平台运营

餐厅可以根据自身经营情况以及各种外卖平台对待商家政策选择合适的外卖平台入驻，但是怎样在日益激烈的竞争下脱颖而出，还是需要餐厅从以下几方面来努力，如表 2-5 所示。

表 2-5　餐厅运营维度说明

维度	具体说明
菜品卖相	一家餐厅经营的重中之重，是宾客第一眼看到的事物，菜品卖相干净、诱人，就给宾客留下良好的第一印象
菜品名称	有趣、有内涵的菜品名称加上良好的菜品卖相更能吸引宾客驻足
专门餐线	条件允许的情况下，餐厅可以将堂食餐线与外卖餐线分开，更能提高出餐效率
数据统计	利用好外卖平台的统计数据，进行精准分析，找到餐厅专门面向的顾客群体，开展推广活动
便捷营销	餐厅可以在外卖平台上开展赠送优惠券、打折等促销活动
用户互动	外卖平台都具有评价功能，餐厅可以根据宾客的意见与建议调整运营方向

2）外卖平台服务步骤

在餐厅外卖平台运营良好，且有足够客源的情况下，餐厅可以按照以下步骤进行服务，如图 2-10 所示。

3）外卖后续服务

餐厅无法像堂食一样时时刻刻监督外卖质量以及立刻接收到宾客反馈，那餐厅就要对外卖售后情况做好准备，以应不时之需，具体说明如图 2-11 所示。

1	餐厅选择入驻外卖平台或者建立自己的外卖小程序并进行推广
2	宾客通过外卖平台或者自己研发的外卖小程序选择自己心仪的菜式并下单,选择好菜品并做好备注,最后直接付款
3	餐厅服务员接受平台订单,并将订单详情包括备注等内容告知厨房
4	将厨房做好的菜品打包装好,等待外卖人员上门取餐,并提醒外卖人员注意运输过程

图 2-10　外卖平台服务步骤

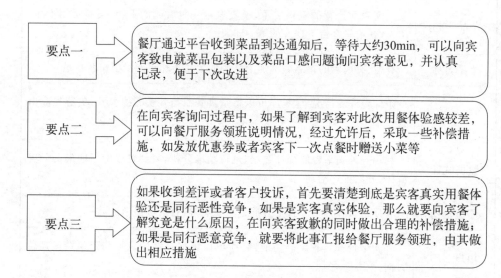

要点一	餐厅通过平台收到菜品到达通知后,等待大约30min,可以向宾客致电就菜品包装以及菜品口感问题询问宾客意见,并认真记录,便于下次改进
要点二	在向宾客询问过程中,如果了解到宾客对此次用餐体验感较差,可以向餐厅服务领班说明情况,经过允许后,采取一些补偿措施,如发放优惠券或者宾客下一次点餐时赠送小菜等
要点三	如果收到差评或者客户投诉,首先要清楚到底是宾客真实用餐体验还是同行恶性竞争;如果是宾客真实体验,那么就要向宾客了解究竟是什么原因,在向宾客致歉的同时做出合理的补偿措施;如果是同行恶意竞争,就要将此事汇报给餐厅服务领班,由其做出相应措施

图 2-11　外卖售后要点

4) 外卖点单服务注意事项

① 餐厅可以选择多个外卖平台进行入驻,也可以自己搭建外卖小程序进行推广。

② 外卖菜品需要保持和堂食一样的菜品质量,不可因为是外卖服务就粗制滥造,给餐厅造成负面影响。

③ 餐厅服务员在接受外卖订单的时候,一定要看清宾客的要求与备注,注意将这些要求告知厨房。

④ 外卖菜品一定要包装好,既做好菜品保温工作,又要避免汤汁溢出、菜品洒落等情况的发生,外卖包装要符合以下要求,如图 2-12 所示。

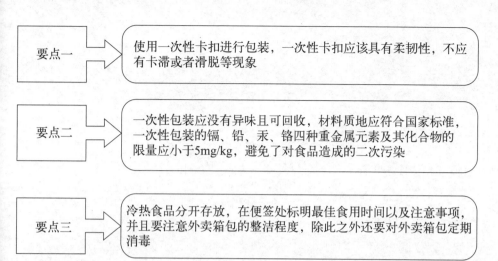

要点一 → 使用一次性卡扣进行包装，一次性卡扣应该具有柔韧性，不应有卡滞或者滑脱等现象

要点二 → 一次性包装应没有异味且可回收，材料质地应符合国家标准，一次性包装的镉、铅、汞、铬四种重金属元素及其化合物的限量应小于5mg/kg，避免了对食品造成的二次污染

要点三 → 冷热食品分开存放，在便签处标明最佳食用时间以及注意事项，并且要注意外卖箱包的整洁程度，除此之外还要对外卖箱包定期消毒

图 2-12　外卖包装要求图

第 3 章

餐中服务

3.1
酒水服务

3.1.1 准备：酒水酒具

（1）酒水准备

酒水准备内容包括酒水库存准备、检查酒水品质、调节酒水温度 3 项工作。

1）酒水库存准备

酒水一般包括白酒、黄酒、红酒、啤酒 4 大类。餐厅服务员应根据宾客的酒水需求，快速、准确地为宾客拿取酒水。因此，餐厅服务员不仅要准确掌握各种酒水的名称、外观、放置位置，还要做好酒水的库存准备工作，酒水库存准备步骤如图 3-1 所示。

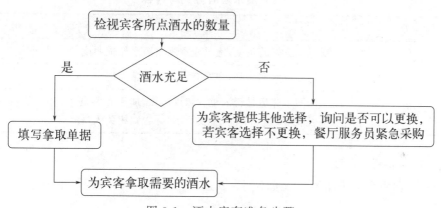

图 3-1　酒水库存准备步骤

2）检查酒水品质

酒水在存储与放置时不能完全保证品质的优良，为了不影响酒水的口味和餐厅的形象，在酒水上桌前，餐厅服务员应再三地检查酒水，确保酒瓶清洁、酒水质佳后，再为宾客服务。餐厅服务员应做好酒水清洁与检验这两项工作。

① 酒水清洁。酒水在长期摆放的过程中，不可避免地有灰尘、污渍等附着于酒水包装或瓶身上，这时，不能直接送到宾客面前，必须进行包装及瓶身的清洁工作。餐厅服务员可以按照图 3-2 的步骤进行清洁。

② 酒水检验。酒水的检验主要是对酒水质量的检验。在宾客确定要哪一款酒水后，餐厅服务员可以从视觉与嗅觉两方面对目标酒水进行检查，确保酒水无质量问题。酒水检验方式与内容如表 3-1 所示。

1	找到并拿取宾客所点目标酒水
2	检视酒水的包装是否完好，是否有污物附着
3	如有污物应根据包装材料和污物的不同选用适当方法擦拭
4	如果擦拭后，包装或瓶身湿润，应用干毛巾擦干
5	清洁工作完成后，再为宾客服务

图 3-2　酒水清洁步骤

表 3-1　酒水检验方式与内容

检验方式	检验内容
视觉检验	找到光线良好的角度,透过光源观察酒水的透明度
	轻轻摇动或颠倒瓶身,查看有无杂质或悬浮物
嗅觉检验	闻一闻酒水味道是否浓重。味道轻微,属于正常现象;味道重,检查酒水是否泄漏,如果泄漏,查找原因,并告知相关人员

3）调节酒水温度

每一种酒水由于品种和浓度不同，其适饮温度也不同，如图 3-3 所示。

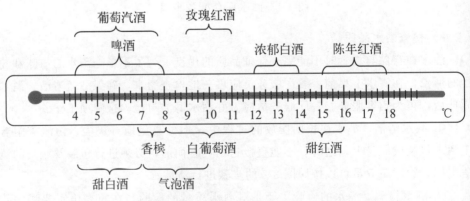

图 3-3　常见酒类的适饮温度

为了使不同品种的酒温度适宜，餐厅服务员应对其进行温热或冰镇处理，从而使酒的味道更佳，并能够快速满足宾客需求，加深宾客对服务的印象，从而使其对餐厅产生好感。

① 温酒。饮用温酒可以暖胃活血，有益身心健康，还可以使酒香更饱满，香气更纯正，给人宾至如归的感觉。同时，对于民间自行酿制的酒，温热处理还可以去掉酒中的杂质（甲醇和乙醛）。餐厅服务员应根据实际情况，选择适当的方法对酒水进行温热。常见的温酒方法有以下 4 种。

a.水浴法（水烫法）。在桌子上铺设一张杯垫，将母壶平稳地放置在杯垫上，将酒水沿着子壶的器壁注入子壶中，将子壶连同酒水一起平稳地放置于母壶中，向母壶中注入热水，耐心等待酒水温度的回升，一段时间后，用手触碰子壶的器壁感受温度，当杯壁微微发烫时，酒水温度即适宜。水浴法一般是针对白酒和黄酒而言的，因为它们的酒精浓度高一些。用水浴法可以随用随取、节能环保，又可以有效地延长温酒的时间。

b.点燃法。在桌子上铺设一张杯垫，将酒水注入到酒杯或温酒器中，双手捂住杯身，使酒水上方的酒精浓度增加，用燃着的火柴在酒杯杯口缓慢掠过，等待火焰熄灭。火焰熄灭，稍等片刻，等到酒温适合饮用时，向宾客示意可以饮用了。该方法是利用酒精的挥发性，将挥发出来的酒精点燃，以达到温酒的目的。

c.加热法。加热法比较直接，就是将装有酒水的器具直接放置在明火上进行加热，这种效果比较明显，但是操作起来比较复杂，餐厅服务员应该予以注意。

d.注入法。注入法温酒比较简单，主要是将热饮注入酒液或将酒液注入热饮，从而达到升温目的。

除此之外，陈年红酒一般都是冷藏的，而适宜饮用的温度较冷藏的温度高一些，因此可以利用室温来对陈年红酒进行回温。

② 冰镇。冰镇一般是对红酒和啤酒来说的。饮用冰镇的酒水可以让宾客神清气爽、消解疲劳。冰镇过的酒水口感会更好，利于酒水的品味。一般冰镇降温的方法主要有以下 3 种。

a.冰桶冰镇降温。将冰桶内盛放 2/3～3/4 的碎冰，将冰桶放在架子上或者是餐桌上，把酒瓶置于冰桶内，保证冰能够覆盖酒瓶大部分面积，将服务巾挂在冰桶沿或瓶颈上，便于擦拭。用手触摸杯壁，随时感受酒水温度，温度适宜时，提醒宾客饮用。

b.冰块冰镇降温。在桌子上放好杯垫，将杯子放置于杯垫上，右手握瓶为宾客斟酒，用不锈钢冰块夹夹取冰块贴近酒面放入杯中，用语言或肢体语言向宾客示意可以饮用。这种方式比冰桶冰镇更迅速，效果更显著。

c.冷却杯子降温。冷却杯子主要是通过降低杯子的温度，待酒水倒进杯中后，起到为酒水降温的效果。餐厅服务员可以利用将杯子放于冰箱内、使用上霜机、加入冰块或溜冰等方式为杯子降温。

（2）酒具准备

为了使酒水的特性发挥到极致，餐厅服务员须准确选用不同材质与形状的盛酒器具，让酒水看起来美观、大方，与酒水相互衬托，刺激宾客们的食欲，提升餐厅服务档次。

1）酒杯的准备

餐厅服务员应根据宾客所点酒水的品种及饮酒文化，准备适宜的酒杯。

① 白酒酒杯的准备。白酒酒杯要求体积小、容量小。同时，酒杯的颜色最好是无色透明的，有利于其他宾客观察酒水的多少，体现敬酒人的诚意与真心。因此餐厅服务员要为宾客着想，准备合适的白酒酒杯。图3-4为4种常见的白酒酒杯。

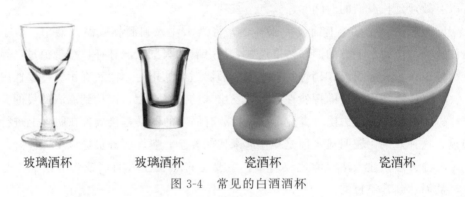

玻璃酒杯　　　　玻璃酒杯　　　　瓷酒杯　　　　瓷酒杯

图 3-4　常见的白酒酒杯

② 黄酒酒杯的准备。瓷杯的热传递效果差，能够有效地保证酒杯内的酒水温度，如果用瓷杯盛放温热过的黄酒，保温效果会更好。因此如果宾客饮用的是热黄酒，餐厅服务员应为宾客准备瓷杯。

如果黄酒不需要温热，则可以准备玻璃杯。此时准备的玻璃杯要求杯壁不要太薄，避免推杯换盏时的磕碰致使杯子破裂，影响气氛或使宾客受伤。如果酒杯带足，则足不要过长，杯底要厚，保证酒杯的重心在下方，有利于酒水和酒杯的稳定放置。

③ 葡萄酒酒杯的准备。准备葡萄酒的酒杯时应选用大腹"U"形高脚玻璃杯，这样可以保持酒水的香味持久悠扬，利于观察酒水的颜色、光泽，营造饮酒的氛围。葡萄酒的种类很多，因而葡萄酒酒杯的种类也多，餐厅服务员要正确认识葡萄酒杯，为宾客准备好正确的葡萄酒杯，具体如图3-5所示。

④ 啤酒酒杯的准备。准备啤酒酒杯时的要求是杯壁要厚、容积要大、杯口要窄，容量在200~300mL，这样不仅便于斟酒，观察啤酒的色泽和洁白的泡沫，还便于闻香、尝味和敬酒，可以给人沉稳的感觉。图3-6为2种常见的啤酒酒杯。

白葡萄酒杯　　勃艮第红酒杯　　波尔多红酒杯　香槟酒杯　　白兰地酒杯

图 3-5　葡萄酒酒杯的选择参照图

图 3-6　2 种常见的啤酒酒杯

　　餐厅服务员无论准备的是什么样的酒杯，都应该保证酒杯的清洁卫生，无水渍、无油渍、无指纹、无气味，干净透明，一尘不染。

　　2）分酒器的准备

　　分酒器是用于倒酒的器具，让宾客不用举着厚重的瓶子为他人斟酒，既美观、大方，又和谐、省力。在准备分酒器时，应选用耐用、精致的器具，一般有器皿分酒器和分酒机两种类型。

　　① 器皿分酒器的准备。器皿分酒器需要人为倒取酒液，可以充分体现餐厅服务员的热情与专业。器皿类根据材质有玻璃和陶瓷两种，具体如图 3-7 所示。

　　a.玻璃分酒器。玻璃分酒器无色透明，能够从外部清晰地看见内部酒液剩下多少，且不吸附酒的味道，便于清洗。如果宾客注重酒的颜色与光泽，餐厅服务员应该为宾客选用玻璃分酒器，精致而夺目。

　　b.陶瓷分酒器。如果宾客文人气息比较重，餐厅服务员可以为宾客准备陶瓷分酒器，因为它具有古典文化特征，上面大多装饰着"花鸟鱼虫""诗词歌赋"

玻璃分酒器　　　　　　　　　　陶瓷分酒器

图 3-7　器皿分酒器

等怡情养性的图画或文字。

　　② 分酒机的准备。如果宾客众多，如公司年会、生日宴会、婚礼宴会等场合，餐厅服务员应为其准备分酒机，这样既省去了人工斟酒的麻烦，也为宾客们畅所欲言提供了空间。常见的分酒机如图 3-8 所示。

图 3-8　常见的分酒机

　　3) 开瓶器的准备

　　开瓶器主要是为瓶塞结构复杂或很难开启的酒水准备的，如葡萄酒和啤酒。对于白酒、黄酒等酒水，只要撕下热缩胶帽，徒手旋转瓶盖即可开启，并不需要特别准备开瓶器。

　　① 啤酒开瓶器的准备。啤酒，由于其内部有充足的气体，使得内部气压大于外部气压，啤酒的盖子只有封牢才能抵得过内部压强。所以开瓶时，应该选用瓶起子，利用杠杆原理以很小的力气开启瓶盖。下面是 3 种常见的瓶起子，如图 3-9 所示。

图 3-9　常见的瓶起子

瓶起子的作用相同，但是外观的表现形式却多种多样，餐厅服务员可以根据宾客的个人魅力和自身特点提供符合其身份、气质的瓶起子，以体现服务的细致与周到。

② 红酒开瓶器的准备。红酒，由于它是内部发酵、一次成型的酒水，同时还要抵制内部产生气体的气压，这要求它的瓶塞必须密不透风。所以，开启红酒比较复杂，需要选用红酒开瓶器。下面是 3 种常见的红酒开瓶器，如图 3-10 所示。

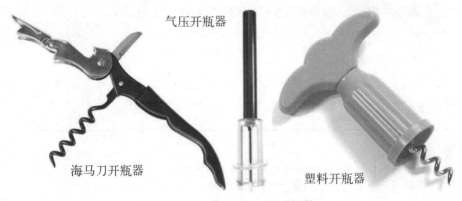

气压开瓶器

海马刀开瓶器

塑料开瓶器

图 3-10　常见的红酒开瓶器

3.1.2　展示：示酒开瓶

（1）酒水展示

酒水展示即示瓶，是向宾客展示所点的酒水。这样做有两个目的：一是对宾客表示尊重，与宾客核对酒水信息，确定所点酒水无误；二是征询宾客开酒瓶及斟酒时间，以免出错。

示瓶一般包括托盘式示瓶、酒篮式示瓶及冰桶式示瓶 3 种。

1）托盘式示瓶

① 托盘式示瓶的步骤。托盘式示瓶的步骤如图 3-11 所示。

1	在左手小臂上放置一条干净的毛巾或服务巾

2	托盘上放置宾客所点酒水，酒水按照内高外低的顺序排列

3	左手手掌撑开，托起托盘

4	走到宾客的右侧，右手五指并拢，指向酒瓶，向宾客展示酒水

5	与宾客核对酒水信息——酒名、产区、年份、品种和特征

6	待宾客点头示意没有问题后，将酒水放于餐桌上或服务台上

7	调整酒水位置，使标签向着宾客摆放，结束整个示瓶工作

图 3-11　托盘式示瓶的步骤

② 托盘式示瓶的话术。餐厅服务员在托盘式示瓶的过程中一定要重新与宾客确认一下酒水信息，具体话术如图 3-12 所示。

话术说明：
　　先生您好！这是您点的酒水！这款酒水的价格是……它的名字叫××，产于××国家××地区，年份是……特点是……

图 3-12　托盘式示瓶的话术

2）酒篮式示瓶

① 酒篮式示瓶的步骤。酒篮式示瓶相对来说比较简单，餐厅服务员可以按照图 3-13 所示的步骤进行操作。

② 酒篮式示瓶的话术。酒篮式示瓶的话术可参照图 3-14 所示。

3）冰桶式示瓶

① 冰桶式示瓶的步骤。餐厅服务员可以参考图 3-15 所示的步骤，正确进行冰桶式示瓶。

② 冰桶式示瓶的话术。冰桶式示瓶的话术可参照图 3-16 所示。

| 1 | 首先将酒篮抱在怀中或放于桌面上，如果有其他宾客在，应将酒水放于服务台上 |

| 2 | 其次调整角度，将标签面向宾客 |

| 3 | 再次向宾客说明酒水情况，便于宾客核对 |

| 4 | 最后宾客肯定酒水的信息后，提醒宾客饮用酒水，避免温度改变影响酒水口感 |

图 3-13　酒篮式示瓶的步骤

话术说明：
　　先生您好！
　　这是您点的酒水！这款酒水的价格是……名字叫××，产于××国家××地区，是××年份的××酒，它的特点是……这款酒的最佳饮用温度在18～20℃，您是否需要现在开瓶？

图 3-14　酒篮式示瓶的话术

| 1 | 将装有冰水混合物及酒水的冰桶拿到宾客右前方 |

| 2 | 拿出酒水，用服务巾擦去瓶身上凝集的水 |

| 3 | 端于右手，标签朝向宾客方向 |

| 4 | 调整角度，保证宾客看得清楚 |

| 5 | 当宾客肯定了酒水的品质后，将酒水重新放回冰桶内 |

| 6 | 将冰桶放于宾客身后，或者服务台上 |

图 3-15　冰桶式示瓶的步骤

话术说明：
　　先生您好！这是您点的酒水！我们已经帮您冰上了，请您再检查一下是不是这款酒。如果没有什么问题，我就帮您放回冰桶内，要记得及时饮用。祝您用餐愉快！

图 3-16　冰桶式示瓶的话术

（2）开瓶服务

示瓶之后，餐厅服务员即可为宾客开瓶。对于不同种类的酒水，封口方式不同，开瓶方式也不同。

1）旋转瓶盖开瓶

这类酒水一般为白酒，开瓶比较简单，不需要其他工具，徒手开瓶即可，具体操作步骤如图 3-17 所示。

1　右手握着酒瓶瓶身，将酒标露在外面，便于宾客看得见

2　左手撕开瓶口的热缩胶帽，并放于一旁；或用工具刀开一个豁口，再撕下来

3　左手的拇指与中指捏住酒帽的上沿，尽量增大接触面积，便于拧动

4　逆时针拧动酒帽，将酒帽倒扣在桌子上，如果瓶口还有内塞，可征求意见后再拿下

5　将热缩胶帽带走，或扔于垃圾箱内

图 3-17　旋转瓶盖开瓶步骤

2）皇冠瓶盖开瓶

这种瓶盖很常见，国内几乎所有的瓶装啤酒都是这种盖子，因为瓶盖外观像倒置的皇冠，故叫作皇冠瓶盖。开这种瓶子时，可以依照图 3-18 所示的步骤进行。

3）软木塞开瓶

软木塞柔软且弹性大，能够有效地封口，且不至于使得酒液外漏，因此葡萄酒封口会使用软木塞。不同的软木塞开瓶器的开瓶方法也不同，下面介绍 3 种常见开瓶器的开瓶方法。

1	去掉啤酒瓶口的锡纸，放于一旁

2	将酒瓶稳定地放在桌子上

3	右手握住瓶颈，防止瓶子倒下和瓶盖飞出

4	左手拿着瓶起子，卡在瓶盖上

5	左手轻轻向上用力，利用杠杆原理将瓶盖开启，瓶盖自然落于右手手中，此时应防止泡沫溢出

6	将酒瓶放于宾客面前，提醒宾客及时饮用

7	将锡纸、瓶盖等废弃物带走处理

图 3-18 皇冠瓶盖开瓶步骤

① 海马刀开瓶方法。海马刀开瓶步骤如图 3-19 所示。

② 气压开瓶器开瓶方法。气压开瓶器是利用大气压强将软木塞从内部推出来的一种开瓶器具。因其方便操作、省时省力，特别适合女士使用。它的具体使用步骤如图 3-20 所示。

在使用气压开瓶器时要注意：气压开瓶器充气的过程要缓慢进行，不能太快。

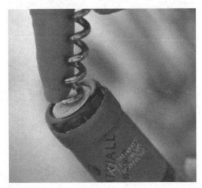

步骤 1：左手握住瓶颈，右手拿着锯齿小刀逆时针割开热缩胶帽。

步骤 2：用螺丝钻抵住软木塞中心位置。

步骤 3：保持螺丝钻与软木塞垂直，将螺丝钻钻进软木塞中。

步骤 4：将一级支点抵住瓶口，向上拉刀柄，将软木塞提出一段距离。

步骤 5：将二级支点抵住瓶口，向上拉刀柄，再提出一段距离后用手拔出。

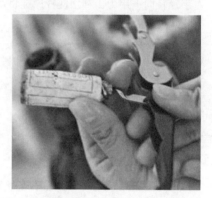

步骤 6：退下软木塞，放于盘中，请宾客检视。

图 3-19　海马刀开瓶步骤

步骤 1：将开瓶器的针头垂直向下缓缓插入软木塞中。

步骤 2：上下拉动气管大约 7 次，向内注入空气，软木塞便会滑出。

步骤 3：向前推动退塞滑片，将软木塞从针头上退下来。

步骤 4：将退下来的软木塞放于盘中，请宾客检视。

图 3-20　气压开瓶器开瓶步骤

③ 塑料开瓶器开瓶方法。塑料开瓶器结构简单，价格便宜，容易上手。操作步骤如图 3-21 所示。

1 ● 将红酒的锡箔纸去掉
2 ● 将开瓶器下端的硬质塑料套固定在红酒的瓶口
3 ● 顺时针旋转螺丝钻，使螺丝钻钻进软木塞中
4 ● 当螺丝钻到一定程度时，停止转动
5 ● 固定螺丝钻的把手，顺时针拧动硬质塑料套
6 ● 拔出软木塞，并放于盘中向宾客展示
7 ● 收拾残留物，并告知宾客酒水已经开启完成

图 3-21　塑料开瓶器开瓶步骤

4）易拉罐拉环开瓶

在宾客允许的情况下可以为宾客拉下拉环，一般情况下，宾客自己就可以拉开。

3.1.3 斟酒：酒水斟倒

（1）把握斟酒时机

斟酒是餐厅服务员必须掌握的一项基本技能，不仅要做好，还应该让宾客满意。餐厅服务员要善于把握斟酒时机，在最佳的时机进行斟酒工作会让宾客眼前一亮，加深印象，还能体现餐厅服务员的职业素养。

1）宴会开始前斟酒时机

餐厅服务员应把握宴会开始前斟酒的时机，具体如表 3-2 所示。

表 3-2　宴会开始前斟酒时机

酒水类型	斟酒时机
红酒或白酒	宴会开始前 5min 内将酒倒入杯中
啤酒	宾客入座后斟酒
温热或冰镇的酒水	上第一道菜时斟酒

2）宴会开始后斟酒时机

宴会开始后，餐厅服务员应把握 4 个时机为宾客斟酒，分别是：在每上一道菜后为宾客斟酒；宾客干杯后，为宾客斟酒；宾客酒杯中的酒量少于 1/3，为宾客斟酒；宾客敬酒时，为宾客斟酒。注意：瓶内酒水较少时，不宜去斟酒，应询问宾客是否添酒。

（2）确定斟酒站位

餐厅服务员在斟酒的过程中，应寻找一个好的斟酒站位，不仅使自己不阻挡宾客进餐，同时也有利于手上斟酒动作的完成。

1）斟酒的正确站位

斟酒时，餐厅服务员要站在宾客的右后侧，可采取如图 3-22 所示的方法，进行正确站位及站位的移动。

斟酒时，餐厅服务员一律站于宾客的右后侧

- 右腿在前，站于两把椅子的中间位置，脚掌落地，不翘脚尖
- 左脚在后，脚尖成向后蹬的趋势，身体向左略微倾斜
- 面向宾客，重心放于右脚上或两脚中间偏向右脚的位置

为下一位宾客斟酒时，应变换位置，站于该宾客右侧

- 先使左脚脚掌落地踩实
- 将右腿撤出来，与左腿并齐，使身体直立后移动位置

图 3-22　斟酒的正确站位

2）斟酒站位的注意事项

① 斟酒时，身体不要靠宾客太近，避免宾客反感。

② 斟酒时，身体不要离宾客太远，会显得餐厅服务员不熟练、不专业、不热情。

③ 斟酒时，不可以在同一个位置为两个宾客斟酒，会显得不礼貌。

（3）明确斟酒顺序

斟酒时，不仅要把握斟酒时机，确定斟酒位置，还要明确斟酒顺序。这不仅仅是出于礼貌，更是餐厅服务员综合素质的体现，该服务的恰当与否严重影响宾客的感受与心情。

1）以宾客为中心的斟酒顺序

以宾客为中心，餐厅服务员在斟酒的过程中一般遵循如图 3-23 所示的 4 个顺序原则。

图 3-23　以宾客为中心的斟酒顺序

2）以酒水为中心的斟酒顺序

以酒水为中心，餐厅服务员在斟酒的过程中一般遵循如图 3-24 所示的 8 个顺序原则。

（4）选择斟酒方法

餐厅服务员在为宾客斟酒时，应该掌握一些方法技巧，争取完善、规范服务细节，提升服务质量，使宾客满意。斟酒有两种方式：一种是桌斟；另一种是捧斟。

1）桌斟

桌斟就是指宾客的酒杯放置在桌面上，餐厅服务员右手握着酒瓶，为宾客斟酒。桌斟包括托盘式斟酒和徒手斟酒。

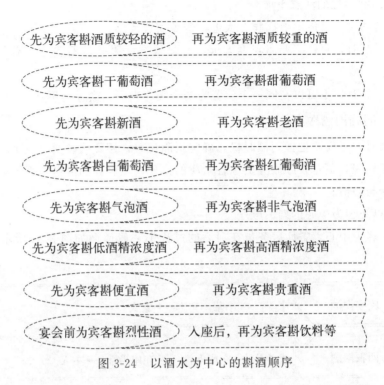

先为宾客斟酒质较轻的酒　　再为宾客斟酒质较重的酒

先为宾客斟干葡萄酒　　再为宾客斟甜葡萄酒

先为宾客斟新酒　　再为宾客斟老酒

先为宾客斟白葡萄酒　　再为宾客斟红葡萄酒

先为宾客斟气泡酒　　再为宾客斟非气泡酒

先为宾客斟低酒精浓度酒　　再为宾客斟高酒精浓度酒

先为宾客斟便宜酒　　再为宾客斟贵重酒

宴会前为宾客斟烈性酒　　入座后，再为宾客斟饮料等

图 3-24　以酒水为中心的斟酒顺序

① 托盘式斟酒。左臂上搭一块服务巾，左手手掌托着托盘，立于宾客右侧。将标签面向宾客，按照从矮到高的顺序取酒，或按照宾客的意愿取酒，沿着杯壁缓缓斟酒，斟好时，旋转瓶口，并用服务巾擦拭瓶口。

② 徒手斟酒。左手持服务巾，右手握瓶，依次斟入宾客要求的酒。斟酒时，瓶口应该高于杯口 2cm，气泡酒或冰镇酒应高于杯口 5cm。酒水泡沫过多时，应顺着杯壁斟酒，没有泡沫的酒水可直接倒入杯底，然后用服务巾擦拭瓶口。

2）捧斟

餐厅服务员站于宾客右侧，左手拿着酒杯，右手握着酒瓶，酒水标签面向宾客。将酒水倒入杯中，瓶口一般离杯口 2cm 左右，气泡酒或冰镇酒应该保持在 5cm。斟酒完毕后，将酒杯放回原来的杯位。

（5）确定斟酒酒量

斟酒时，餐厅服务员要把握好所斟酒水的量，斟酒量过多，宾客拿着不方便，同时也会污染桌面或溅到宾客衣物上；斟酒量过少，宾客便会频繁催促斟酒。所以，餐厅服务员应明确每一种酒水应该斟入的适宜量，避免引起宾客心情不悦。具体各种酒的适宜斟酒量如表 3-3 所示。

表 3-3　各种酒的适宜斟酒量参考表

酒水品种	斟酒量
红葡萄酒	红葡萄酒杯的 1/3
白葡萄酒	白葡萄酒杯的 2/3
白兰地	酒杯的 1/2
香槟酒	先斟到酒杯的 1/3,待泡沫消退后,再斟至酒杯的七分满
威士忌	酒杯的 1/6
白酒	酒杯的八分满
啤酒	缓慢倾倒,待到酒杯的八分满时停下(防止有泡沫溢出)

（6）明确斟酒姿势

餐厅服务员应明确标准的斟酒姿势,以确保整个餐厅服务统一、有序。

1）持瓶姿势

餐厅服务员在斟酒过程中应明确标准的持瓶姿势,防止手部抖动,避免酒液晃动。右手叉开拇指,并拢四指,掌心贴于瓶身中部、酒瓶商标的另一方,四指用力均匀,将酒瓶稳稳握在手中。

2）倒酒姿势

餐厅服务员在斟酒过程中应明确标准的倒酒姿势,倒酒标准姿势如图 3-25 所示。

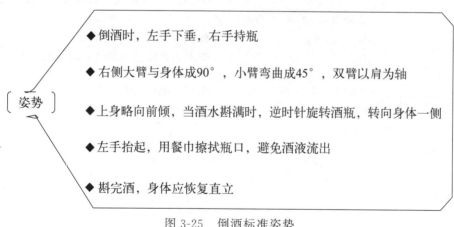

◆ 倒酒时,左手下垂,右手持瓶

◆ 右侧大臂与身体成90°,小臂弯曲成45°,双臂以肩为轴

姿势　◆ 上身略向前倾,当酒水斟满时,逆时针旋转酒瓶,转向身体一侧

◆ 左手抬起,用餐巾擦拭瓶口,避免酒液流出

◆ 斟完酒,身体应恢复直立

图 3-25　倒酒标准姿势

（7）酒水洒客身处理

当餐厅服务员不慎将酒水洒在宾客身上时,应立即采取下列措施进行处理。

① 餐厅服务员应马上向宾客道歉。

② 用干净的餐巾或纸巾为宾客擦拭衣服上的水迹。

③ 迅速将浸湿的餐巾或纸巾拿走。

④ 领班或经理再次向宾客道歉，若餐厅有洗衣房服务，就征求宾客是否愿意换下衣服，由酒店免费为宾客清洗。如果宾客同意清洗，应马上通知洗衣房，在最短的时间内帮宾客洗净送还，并再次道歉。

3.1.4 制作：饮品做法

（1）饮品制作方法

饮品制作是餐厅服务员必备的技能之一，下面以 300mL 的饮料杯为例，介绍多种饮品的制作方法，如表 3-4 所示。

表 3-4 饮品制作方法

名称	材料	做法
蜂蜜柚子茶	蜂蜜柚子酱 20g、红茶包 1 包、蜂蜜适量	◆ 将蜂蜜柚子酱放入杯中，再放入饮料杯一半的水量（用 70℃左右的水），搅匀 ◆ 将红茶包放到杯中，用勺子压到水底，使另一端的线自然落在杯沿，搅匀使红茶包味道融到茶中 ◆ 继续添加 90℃热水到杯子的八分满，里面少添加一点蜂蜜即可
珍珠奶茶	果糖 10mL、红茶 10g、粉圆珍珠 25g、牛奶 200mL	◆ 将红茶、牛奶放入锅中，加 200mL 水煮开 ◆ 煮开后关火，滤掉茶渣 ◆ 加入果糖、粉圆珍珠即可饮用
柳橙牛乳汁	柳橙 1/2 个、牛乳 140mL、绿豌豆 70g、蜂蜜适量	◆ 把柳橙切成小块与牛乳、绿豌豆、蜂蜜一起打汁即可
柳橙柠檬汁	柠檬 1 个、柳橙 3/2 个、蜂蜜适量、冰块适量	◆ 把柳橙和柠檬去皮切成小块，加入蜂蜜一起放入果汁机中打汁即可
冰糖雪梨	雪梨一个、冰糖适量、蜂蜜适量	◆ 将雪梨洗干净去核切成小一点的块放入豆浆机中 ◆ 然后放入冰糖，再放入清水到水量的限度 ◆ 做好后，进行过滤，使其更细滑 ◆ 加入适量蜂蜜即可

名称	材料	做法
西瓜汁	西瓜 200g、柠檬 1/2 个、蜂蜜适量、冰块适量	◆ 把西瓜切皮去籽后切成小块,柠檬去皮也切成小块,与蜂蜜和冰块一起打成汁即可
奇异果汁	奇异果 2 个、牛奶 200mL、蜂蜜适量、冰块适量	◆ 把奇异果削皮切成小块,与牛奶、蜂蜜及冰块一起打汁即可
芒果汁	芒果 1 个、柠檬 1/2 个、蜂蜜适量、冰块适量	◆ 把芒果去皮去籽后切成小块,柠檬去皮也切成小块,与蜂蜜及冰块一起放入果汁机打汁即可
香蕉牛奶汁	香蕉 1 根、柠檬 1/4 个、牛奶 200mL、蜂蜜适量、冰块适量	◆ 把香蕉剥皮切成小块,柠檬去皮也切成小块,与牛奶、蜂蜜及冰块一起放入果汁机中打汁即可
葡萄柚菠萝汁	葡萄柚 1/2 个、菠萝 150g、蜂蜜适量、冰块适量	◆ 把菠萝削皮切成小块,葡萄柚去皮切成小块,连同蜂蜜及冰块放入果汁机中打汁即可
综合果蔬汁	苹果 1 个、青椒 80g、苦瓜 110g、荷兰芹 120g、大黄瓜 150g	◆ 将青椒、苦瓜、荷兰芹洗净切成小块,加些冷开水一起放入果汁机打汁 ◆ 把苹果、大黄瓜洗净去皮,切成小块放入上步菜汁一起打成果蔬汁即可

（2）饮品制作要点

① 餐厅服务员在制作饮品时应更衣、洗手并进行手部消毒,操作时应佩戴口罩。

② 加工前应认真检查待加工的原料,发现有腐败、变质或者其他性状异常的,不得进行加工。

③ 饮品制作的设备、工具、容器等应专用。每次使用前应消毒,用后应洗净并在专用保洁设施内存放。

④ 用于现榨果蔬汁的瓜果应保证新鲜并先清洗处理。

⑤ 自制含酒精的饮品,所使用的原料应符合有关要求。

⑥ 除含酒精的饮料外,饮品宜现制现饮。

3.2

菜点服务

3.2.1 知道1：上菜服务要知道的那些事

（1）把握上菜时机

1）把握上菜时机的技巧

餐厅服务员需要把握上菜的时机，将上菜的时间安排合理。具体来说，可根据上菜情形把握，如表3-5所示。

表3-5 把握上菜时机技巧

上菜情形	上菜时机
上冷菜	◆ 点单结束后5min之内上桌
上第一道大菜	◆ 冷菜吃去一半,祝酒结束后,上冷菜和酒后7min左右
上第二道及以后的菜	◆ 前一道菜品吃去1/3～1/2,应立即送上下一道菜品 ◆ 午餐出菜间隔时间可稍短,晚餐出菜间隔时间可稍长
宾客有特别要求	◆ 遇到宾客的特别要求,应按照宾客的要求时间为其安排上菜

2）把握上菜时机的注意事项

餐厅服务员在把握上菜时机时，应注意以下4点。

① 主宾正在讲话、致辞、敬酒时，不能上菜，应稍等片刻，避免打扰宾客的用餐气氛。

② 上菜不能拖太长时间，避免出现菜品空缺，让宾客尴尬等待，或宾客等待间隙饮酒过多的情形。

③ 前一道菜没有动筷，可通知厨房先不要炒或加热下一道菜，不能上菜过勤，使菜品堆积。

④ 全部菜品应在30min左右上齐。

（2）选择上菜位置

餐厅服务员应充分考虑用餐礼仪、宾客习惯、宾客特点、宾客餐桌摆放等内容，遵循少打扰宾客、方便、安全原则，把握好上菜位置。用餐人数不同，上菜的位置也有不同。上菜位置的选择方法如表3-6所示。

表 3-6　上菜位置选择方法

宾客数	上菜位置
一位	◆ 勿正对宾客上菜,在宾客左右两侧后方 10～20cm 处上菜
两位	◆ 两位宾客之间,偏向于与老人、小孩、女士距离较远的一侧
三位及以上	◆ 勿在主宾(一般正对门坐)身边上菜 ◆ 中餐上菜位置在作陪人员(一般坐在离门较近的位置)右侧 ◆ 高档宴会,必须在作陪人员左右两侧空缺处上菜 ◆ 西餐应在宾客左侧上菜

（3）确定上菜顺序

1）上菜顺序遵循的原则

对于一般情况下上菜顺序应遵循的原则,服务员要有所掌握。如图 3-26 所示。

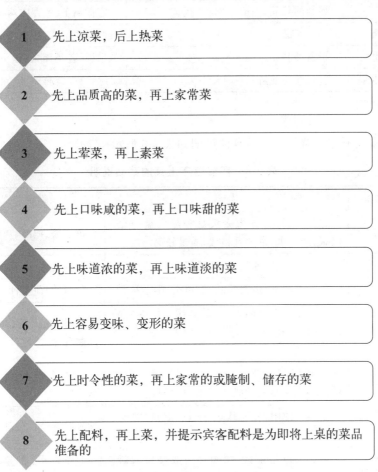

1　先上凉菜,后上热菜

2　先上品质高的菜,再上家常菜

3　先上荤菜,再上素菜

4　先上口味咸的菜,再上口味甜的菜

5　先上味道浓的菜,再上味道淡的菜

6　先上容易变味、变形的菜

7　先上时令性的菜,再上家常的或腌制、储存的菜

8　先上配料,再上菜,并提示宾客配料是为即将上桌的菜品准备的

图 3-26　上菜顺序遵循的原则

2）中餐上菜的顺序

对于一般中餐来说，菜系种类繁多，各菜系特点、讲究不同，但也有基本应遵循的上菜顺序，服务员要熟练掌握，一般中餐按顺序上菜的各菜品具体说明如表 3-7 所示。

表 3-7　一般中餐顺序上菜的菜品说明

中餐菜品	说明	菜品举例
茶水、饮料	先为宾客上茶水、饮料解渴，注意与菜品搭配	红茶、普洱茶、绿茶、菊花茶、果汁
凉菜、酒	凉菜也称冷盘，用以开胃，出菜较快，同时上酒	拼盘、凉拌生蔬
主菜	也称大件、大菜，店内名贵的、有特色的菜	海参、鲍鱼、鹅肝、龙虾
热炒	炒制的菜品，一般含肉类、蔬菜	宫保鸡丁、鱼香肉丝、红烧排骨
汤羹	汤类菜品	西湖牛肉羹、蛋花汤
主食	粮食类制品	米饭、各类面条、馒头、饼
点心、水果	餐后补充或解腻	绿豆糕、蓝莓奶酪、水果拼盘

3）西餐的上菜顺序

西餐按顺序上菜的各菜品具体说明如表 3-8 所示。

表 3-8　西餐顺序上菜的菜品说明

西餐菜品	内容	菜品举例
头盘	也称开胃菜，分为冷头盘和热头盘，味道以咸、酸为主，量少且精致，质量较高	鱼子酱、鹅肝、熏鲑鱼
汤	分为清汤、奶油汤、蔬菜汤等	海鲜汤、蔬菜汤、罗宋汤
副菜	包括水产类、蛋类菜品，面包类、酥盒菜肴	鞑靼汁、荷兰汁、白奶油汁
主菜	一般是含肉类的菜品，最具代表性的菜品是牛肉、牛排，用烤、煎、煮、焖等方式烹制，配以汁料	牛排、烤火鸡、熏鹅肉，配以咖喱汁、洋葱汁、黑胡椒汁
蔬菜沙拉	与主菜同时上菜，一般是生蔬菜等配以调味汁，调味汁主要有油醋汁、千岛汁、奶酪沙拉汁	生菜、番茄、黄瓜等配以奶酪沙拉
甜品	主菜后使用，分为软点、干点、湿点，热吃、冷吃皆可	冰淇淋、布丁、乳酪、水果
咖啡、茶等	最后一道是茶饮，饮咖啡一般要加入糖、淡奶油	卡布奇诺、摩卡、拿铁、茉莉花茶

（4）设计菜品摆放造型

根据菜品数量的不同，餐厅服务员可将菜品在餐桌上摆放成一定的形状。具体来说，餐厅服务员应熟练掌握如图 3-9 所示的技巧，将不同数量的菜品摆放美观。

表 3-9　菜品摆放造型技巧

菜品数量	摆放造型技巧
一道	放在餐桌正中心位置
两道	将两道菜品平行摆放,宾客都能方便取用
三道	将三道菜品呈三角形,即"品"字形摆放
四道	将四道菜品摆放成四方形
五道	将五道菜品摆放成梅花形状
六道及以上	以一道菜品为中心,其他菜品以其为圆心围绕其摆放

（5）进行菜品介绍

1）菜品介绍时机

菜品介绍应该是在将菜品放置在主宾面前妥当之后。如果餐桌上有转盘，可先将转盘转动，向宾客展示一圈，并最终转至主宾面前。需要注意的是，菜品上桌后，宾客自行先发问，或有宾客向桌上其他宾客介绍该菜品时，不能打断宾客讲话，若宾客需要时，餐厅服务员要及时回答问题，或适时补充宾客的讲话，灵活应对，令宾客满意。

2）菜品介绍动作

服务员展示菜品后，应将菜品放置于主宾面前，然后后退一步，站好，打手势，报菜名。介绍菜品的手势为左手放到背后，大拇指根部与腰际齐平，掌心向外，右手五指并拢，掌心向上约成 45°角，指向餐桌上的菜品。餐厅服务员介绍菜品时，动作应注意以下事项。

① 右手应靠近并指示菜肴，不可与菜品过近。

② 不可对着菜品讲话。

③ 报菜名时应使用礼貌用语，例如"这道菜是本店的特色菜×××，其特点是……各位贵宾请品尝"。

④ 介绍菜品尽可能地全面介绍，清晰地报出菜品的准确名称，流畅、生动地介绍其特点和典故，真实地介绍其制作方法等。

⑤ 语速、音量适中，自然大方，介绍特色菜菜名要更加富有情感。

3）其他注意事项

① 把握时间，介绍菜品的时间不宜过长，一般不超过 5min。易变形的菜品，需要尽快介绍，避免因介绍而耽误食用的最佳时机。

② 尽可能使用优美的语言，避免不文明、不当用语，影响宾客食欲。介绍菜名的典故、故事要生动有趣，充分调动宾客兴趣，通过语言介绍为菜品增色。

③ 根据情况把握介绍菜品的详细程度，例如珍贵菜、高档菜、特色菜、招牌菜介绍较为详细，常见的菜品可简单介绍。若宾客兴趣高，则详细介绍菜品；若宾客兴趣不大，则简单介绍。

④ 需要分菜的菜品，介绍特点后，须向宾客说明将提供分菜服务，服务员为宾客分好后再请宾客品尝。

⑤ 灵活应对，将用餐气氛调动起来，例如介绍菜品"如意春卷"，可加入祝福语，"今天是立春，借这道'如意春卷'，祝各位贵宾在新的一年万事如意"。

⑥ 耐心、热情、细致地回答宾客对菜品提出的问题，如果不能回答，也不能拒绝宾客，可以说："这个问题我怕回答不准确，需要我的主管来帮我一下，请稍等，我请他过来为您介绍，好吗？"

3.2.2 知道 2：分菜服务要知道的那些事

（1）使用分菜工具

1）中式分菜

中式分菜的工具一般比较简单，常用的有分菜叉（服务叉）、分菜勺（服务勺）、公用勺、公用筷、长把汤勺等。

① 服务叉、勺的使用方法。一般来说，鱼禽类菜用服务刀或叉分。餐厅服务员在使用服务叉、勺分菜时，经常采取的方法有指握法、指夹法、右勺左叉法，其动作要领如图 3-27～图 3-29 所示。

右手握住叉、勺后部，勺在下，勺心向上，叉在上，叉心向下，右手食指插在叉和勺把之间并与拇指合捏住叉把，中指、无名指、小指在勺的底端起控制、稳定作用

图 3-27　指握法动作要领

右手握住叉、勺后部，勺在下，勺心向上，叉在上，叉心向下，中指及小指在下方而无名指在上方夹住服务勺，食指伸进叉勺之间并与拇指合捏住叉把

图 3-28　指夹法动作要领

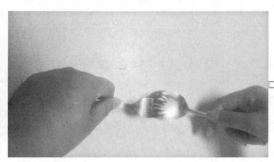

右手握勺，左手握叉，适用于体积较大的食物分派

图 3-29　右勺左叉法动作要领

② 公用勺和公用筷的使用方法。对于中式菜品，炒菜一般用一把公用勺和一双公用筷进行分菜。使用时，餐厅服务员应右手握公用筷，左手持公用勺，左右手相互配合将菜肴分到宾客的餐碟中，如图 3-30 所示。

③长把汤勺的使用用法。汤和羹一般用长把汤勺进行分菜。如果汤中有菜肴时须用公用筷配合长把汤勺进行操作，如图 3-31 所示。

图 3-30　公用勺和公用筷的使用方法

图 3-31　长把汤勺的使用用法

2) 西式分菜

西式分菜服务主要有俄式服务和法式服务，其分菜工具不相同，使用方法也有所不同。俄式服务分菜工具主要有叉和勺。法式服务分菜工具主要有服务车、分割切板、刀、叉以及分调味汁的叉和勺等。

① 俄式分菜工具的使用方法。俄式分菜技术要求较高，餐厅服务员持餐叉、餐勺进行分菜的正确姿势为勺在下，叉在上，右手的食指插在叉和勺之间，并与拇指配合捏住叉把，其余三指控制勺把，五指并拢。

② 法式分菜工具的使用方法。法式分菜侧重于切割技巧，具体在分让主料及配料时，各分菜工具的使用方法不同。

a. 分主料。将要切分的菜肴放到分割切板上，再把分割切板放在服务车上。分切时左手持叉压住菜肴的一侧，右手持刀进行分切。

b. 分配料及配汁。用叉、勺配合分让，勺心向上，叉的底部向勺心，即叉勺扣放。

（2）选择分菜方式

分菜有三种方式，即餐台分菜、分菜台分菜和厨房分菜。其中餐台分菜及分菜台分菜为餐厅服务员必须掌握的分菜方式。

1) 餐台分菜

餐台分菜又名桌上分让式，即餐厅服务员在每位宾客的餐位旁，将菜肴分派到宾客各自餐碟中的分菜方式。具体根据分菜人员的个数，餐台分菜又可分为一人独立分让式和两人合作分让式。

① 一人独立分让式。一人独立分让式即一个餐厅服务员为宾客分菜，其操作要领为餐厅服务员站在宾客的左侧，右脚向前，身体微微前倾，腰部稍弯，左手托盘，右手拿分菜用的叉、勺，将菜肴从宾客的左边分派给宾客。分菜时，应面带微笑，并礼貌地说："请慢用"。

② 两人合作分让式。两人合作分让式即由两名餐厅服务员配合操作为宾客分菜，其操作步骤如图 3-32 所示。

2) 分菜台分菜

分菜台分菜又名旁桌分让式，即餐厅服务员在备餐台上将菜肴分派到每位宾客的餐碟中，然后送到宾客面前的分菜方式。分菜台分菜的具体操作步骤如图 3-33 所示。

餐厅服务员应根据菜肴的种类、服务的类型、宾客的喜好及需求等，选择合适的分菜方式。如一般炒菜可采用一人独立分让式，而海鲜鱼刺等高档菜肴可采取两人合作分让式或分菜台分菜，以通过服务彰显其本身的名贵档次。

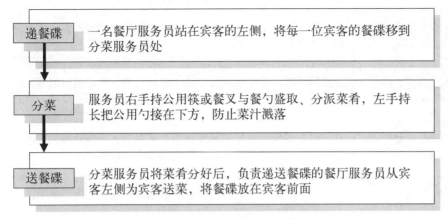

递餐碟	一名餐厅服务员站在宾客的左侧，将每一位宾客的餐碟移到分菜服务员处
分菜	服务员右手持公用筷或餐叉与餐勺盛取、分派菜肴，左手持长把公用勺接在下方，防止菜汁溅落
送餐碟	分菜服务员将菜肴分好后，负责递送餐碟的餐厅服务员从宾客左侧为宾客送菜，将餐碟放在宾客前面

图 3-32　两人合作分让式操作步骤

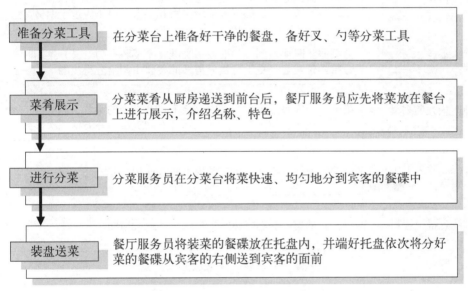

准备分菜工具	在分菜台上准备好干净的餐盘，备好叉、勺等分菜工具
菜肴展示	分菜菜肴从厨房递送到前台后，餐厅服务员应先将菜放在餐台上进行展示，介绍名称、特色
进行分菜	分菜服务员在分菜台将菜快速、均匀地分到宾客的餐碟中
装盘送菜	餐厅服务员将装菜的餐碟放在托盘内，并端好托盘依次将分好菜的餐碟从宾客的右侧送到宾客的面前

图 3-33　分菜台分菜步骤

（3）分菜服务要点

餐厅服务员在提供中餐菜品分菜服务时，应注意以下 9 个要点，具体如图 3-34 所示。

（4）掌握整形菜品分菜技能

整形菜是指整形烹制，整形上碟的菜肴，其在加工、烹调、装盘等过程中，保持了原料的整体性和独立性，给人以自然美及完整的感觉。整形菜品在中式宴请中往往以"大菜""头菜"等形式出现。具体来说，餐厅服务员应掌握以下 4 种常见整形菜的分菜服务技能。

注意分菜顺序	先依次分送给主宾、副主宾、主人，然后按顺时针方向依次分送，先女后男
注意分菜姿势	分菜服务时，餐厅服务员应站在宾客左侧，腰部稍向前弯，站立要稳，身体不要碰触或斜靠宾客，脸部略斜与菜盘成一条直线
注意分菜动作	分菜时，动作要迅速、利落，要在宾客动筷之前分菜，不可拖汁带菜，或将菜汁滴落在桌面上或溅洒在宾客的衣物上
注意分菜语言	分菜时，可以边分边向宾客介绍菜肴的名称、特色、风味、营养、典故等，介绍后可以附上"请慢用"等语言
注意分菜数量	分菜要做到分让均等，包括色彩、荤素和汁菜搭配均匀等。分菜时应将菜肴优质部位分配给主宾和主人，但不应过于明显
注意分菜次数	分菜服务时要做到一勺准或一叉准，不要将一勺（叉）菜同时分给两位宾客，更不可从分得多的餐碟中勾给分得少的
注意分菜剩余	第一次分完每道菜后，盘中宜余下1/10～1/5的菜肴（将其换放于一小盘中放上餐桌），以示菜肴的宽裕，并方便二次分派
注意分菜卫生	分菜时要注意手法卫生，并提请宾客使用公筷、公勺
注意跟上佐料	带佐料的菜，分菜时要跟上佐料，并略加说明

图 3-34　中餐菜品分菜服务 9 要点

1) 整鸡（鸭）分菜服务技能

餐厅服务员应掌握整鸡（鸭）分菜服务的操作程序，具体如图 3-35 所示。

2) 烤乳猪分菜服务技能

分烤乳猪前可将整只乳猪放于特制的盘内，揭开盖在上边的红绸，请宾客欣赏，而后用片刀将皮片去，将每条皮切成数块，猪皮覆盖在乳猪身上。餐厅服务员左手拿餐碟，右手持餐叉和餐勺，按切片顺序逐一将乳猪及配料放于餐碟内，分送给宾客。

3) 整鱼分菜服务技能

分鱼服务，是餐厅服务员应掌握的服务技能之一。餐厅服务员要想做好分鱼服务，首先应掌握所分鱼的品种及其烹调方法，然后根据其不同的食用方法准备

◆将整鸡（鸭）放置在转台边沿，顺时针绕台转一周向宾客进行展示，注意鸡不献头、鸭不献掌

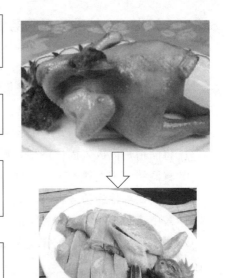

◆示菜后将整鸡（鸭）撤下，放在工作台，准备好分菜工具，如刀、勺等

◆左手持餐勺压住鸡（鸭）的颈脖，右手握餐刀，从颈脖部切至尾部（从尾部闪过，不拆分尾部），而后横切成若干均匀的等份

◆将切好的鸡（鸭）分装餐碟，按宾、主次序进行分派，注意一般头尾不分派，由宾客自行取用

图 3-35　整鸡（鸭）分菜服务的程序

不同的分鱼工具，进行不同的分割装碟操作。

常用的分鱼用具有鱼刀、鱼叉、鱼勺等。餐厅服务员应根据鱼的品种及食用方法准备。下面介绍 3 种常见鱼的分派服务程序，如表 3-10 所示。

表 3-10　常见鱼的分派服务程序

做法	分菜步骤
糖醋整鱼	◆ 左手持餐勺压在鱼头处,右手持餐叉从鱼腹两侧将鱼肉切离鱼骨 ◆ 将鱼块分装于餐碟中,并用餐勺在鱼块上浇糖醋汁,而后分送给宾客食用
清蒸整鱼	◆ 左手持餐叉压在鱼头处,右手持餐刀从鱼头顺切至鱼尾 ◆ 将切开的鱼肉向两侧脱离鱼骨,鱼骨露出后,再用刀从鱼尾向鱼头处将鱼骨与鱼肉切开 ◆ 当鱼骨、鱼肉分离后,将上片鱼肉与下片鱼肉吻合,使其呈一整鱼状（无头尾） ◆ 用餐叉与餐刀配合,将鱼肉切成等份,并盛于餐碟
食鳞鱼	◆ 先将鱼身上的鳞轻轻剥离鱼身,并放置在鱼盘一侧 ◆ 后续步骤与分清蒸整鱼的步骤相同 ◆ 在向餐碟内分装鱼肉时,将鱼鳞也等份地分装于餐碟中,而后分送给宾客食用

3.2.3 知道 3：特殊菜品服务要知道的那些事

（1）特殊菜品上菜

特殊菜品是指在烹饪方式、盛菜容器或食用方式等方面不同于一般类菜肴，在分菜时应根据菜品的不同特点进行上菜操作。

1）火锅、边锅、锅仔、砂钵等菜品

① 将酒精炉内放入固体酒精，酒精不可太多或滴洒在炉膛外。

② 将酒精炉带上热菜上桌，然后点燃酒精炉。

③ 将火锅等稳当地放在酒精炉上，并将火力大小调至适当位置。

④ 若中途须加酒精，应先将酒精炉关闭，再将其打开加入酒精。

⑤ 撤下酒精炉时应将火完全关灭，然后稳当地撤下，不可将液体泼洒到餐桌上。

⑥ 上不同锅类菜所跟用具：火锅跟汤勺、漏勺；干炒锅菜跟小锅铲；带汤锅仔、砂钵等跟长柄汤勺，如有粉丝等应跟一双公筷。

2）拔丝类菜品

拔丝浆果菜品，品种很多，如拔丝苹果、拔丝香蕉等，这种菜肴上菜时有以下2项工作。

① 送上凉开水碗，然后端上菜肴，并提醒宾客尽快食用此菜，食用方法为先用筷子蘸一下凉水，然后夹菜，之后再在凉水碗内涮一下后再吃，一来筷子不会沾上糖浆，二来不会烫到宾客的嘴。

② 准备好公筷、刀、叉，帮助宾客分菜，若食糖已冷却，则将此菜撤到餐台上，用刀、叉帮助分割。

3）汤类菜品

汤类菜肴可采取先上菜在桌上分或分好后再上菜的方法。

4）其他菜品

① 上有声响的菜，如锅巴肉片等，要先将炸好的菜上桌，然后当着宾客的面将汤汁浇在上面，随时发出"嚓嚓"的声响，但要注意方向和高度，以免溅到宾客身上。

② 上过江财鱼片等菜，先将已烧热的油上桌，然后将菜肴原料用公筷等逐一赶到油盅里，用公筷将原料打散，宾客便可蘸佐料食用了。

③ 上片皮鸭、松鼠鳜鱼等菜要快速上桌，否则，菜肴的风味和口味都将逊色许多。

④ 上用蛋白打泡后制成的菜品，如雪山藏宝要迅速上台，不然就会泄水变形。

⑤ 上原盅炖品和煲类等带盖的菜时，应上桌后当着宾客的面把盖揭开，然后反转盖面，撤下桌，以免蒸馏水滴到宾客身上，这样不仅菜上桌香，而且表明是原盅的，而汤、煲类则要垫上垫盘再上桌。

⑥ 上纸、泥、荷叶包的菜，如叫花鸡、纸包骨、荷香鸡等，先让宾客观赏后再拿到操作台上或当着宾客的面打开。

⑦ 上粒状菜肴，如松子玉米时，要加小汤匙。

⑧ 上带壳的食物，如基围虾、蛏子等，应跟上小毛巾。

（2）特殊菜品分菜

其他特殊菜品的分菜方法，如表 3-11 所示。

表 3-11　其他特殊菜品的分菜方法

菜品类型		分菜方法
汤菜		◆ 如原料为整鸡、整鸭等,可以在餐桌或服务台,先将其分割好,再进行分汤 ◆ 当汤与原料有明显区分时,先将盛器内的汤分进宾客的碗内,然后再将汤中的原料均匀地分入宾客的汤碗中,或反过来先分原料再分汤 ◆ 从主宾位开始,站在宾客左侧,按顺时针方向依次为宾客分汤,分汤时一般分盛至汤碗的八分满,不要太满或太少,当汤与原料没有明显区分时,一次性将汤分到汤碗
造型菜		◆ 造型菜肴的分菜方法为将造型的菜肴均匀地分给每位宾客 ◆ 如果造型较大,可先分一半,分完一半造型再分另一半 ◆ 具有代表意义的造型一般应分给主宾或者保留下来 ◆ 不可食用的分完菜后再撤下
卷食菜		◆ 一般情况下由宾客自己拿取卷食,如果老人或儿童较多时,餐厅服务员应视情况给予帮助,提供分菜服务 ◆ 卷食菜品的分菜方法为服务员先将餐碟摆放于菜肴的周围,放好铺卷的外层然后逐一将被卷物放于铺卷外层上,最后逐一卷上送到老人或儿童面前
拔丝菜		◆ 服务员在桌前进行分菜,方法为服务员用木质公筷将拔丝类菜肴一件件夹起,随即放在凉开水里浸一下,再夹到宾客餐碟里 ◆ 服务员在分让拔丝类菜肴动作应迅速,达到"即上、即拔、即浸、即食"要求,以防糖浆变硬,影响此菜的口感
其他	肘子	◆ 用公筷压住肘子,用刀将肘子切成若干块,再按宾客次序分派 ◆ 分肘子时注意分给每位宾客餐碟中的肘子不宜过多

菜品类型		分菜方法
其他	铁板类菜肴	◆ 先将铁板端上桌,再当着宾客的面将烧好的菜肴倒在铁板上,盖上盖子,焖几分钟后,再揭开分菜 ◆ 铁板类菜肴温度很高,因此提供分菜服务时应特别注意安全,远离儿童
	冬瓜盅	◆ 首先用汤勺将冬瓜盅面上的火腿茸轻轻刮入汤内,然后再用汤勺轻轻刮下冬瓜盅内壁的瓜肉,搅动几下后,就可将汤料、瓜、肉等均匀地分给宾客 ◆ 如果瓜身较高,可做两次分派,即第一次用公勺将上段冬瓜肉和盅内配料、汤汁均匀分派给宾客;第二次先用餐叉叉住瓜皮,然后用餐刀横削去上部瓜皮后再进行第二次分派,一般分4刀切削完
	蛋煎制品	◆ 用公筷压住蛋饼,用餐刀或公勺将蛋饼扒成若干块,再按宾客次序分派

3.3

餐用具撤换服务

3.3.1 操作1:骨碟撤换

(1)明确骨碟撤换情形

骨碟是餐厅常用的一种餐具,一般放在垫碟上面,供宾客放置用餐过程中产生的垃圾。在宾客用餐过程中,遇有以下6种情况时,餐厅服务员须及时更换骨碟,具体情形说明如图3-36所示。

(2)进行骨碟撤换操作

1)骨碟撤换步骤

骨碟撤换步骤如图3-37所示。

2)骨碟撤换注意事项

骨碟撤换需注意以下三大事项,具体如图3-38所示。

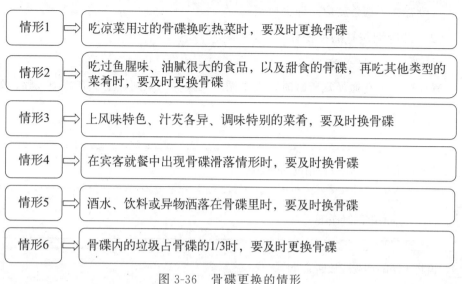

情形1 ⇒ 吃凉菜用过的骨碟换吃热菜时，要及时更换骨碟

情形2 ⇒ 吃过鱼腥味、油腻很大的食品，以及甜食的骨碟，再吃其他类型的菜肴时，要及时更换骨碟

情形3 ⇒ 上风味特色、汁芡各异、调味特别的菜肴，要及时换骨碟

情形4 ⇒ 在宾客就餐中出现骨碟滑落情形时，要及时换骨碟

情形5 ⇒ 酒水、饮料或异物洒落在骨碟里时，要及时换骨碟

情形6 ⇒ 骨碟内的垃圾占骨碟的1/3时，要及时更换骨碟

图 3-36　骨碟更换的情形

1　骨碟撤换前，餐厅服务员应根据宾客点菜情况及宾客数量，准备好备用的、干净的骨碟

2　餐厅服务员应根据宾客需要，或就餐实际情况，左手托盘，从宾客右侧按顺时针方向用右手撤换骨碟，先撤出脏骨碟后再换新骨碟

3　在10min之内将骨碟送回洗碗间

图 3-37　骨碟撤换步骤

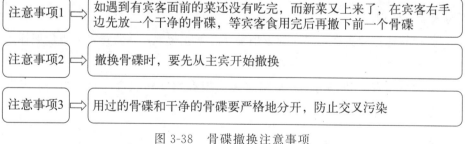

注意事项1 ⇒ 如遇到有宾客面前的菜还没有吃完，而新菜又上来了，在宾客右手边先放一个干净的骨碟，等宾客食用完后再撤下前一个骨碟

注意事项2 ⇒ 撤换骨碟时，要先从主宾开始撤换

注意事项3 ⇒ 用过的骨碟和干净的骨碟要严格地分开，防止交叉污染

图 3-38　骨碟撤换注意事项

3.3.2　操作2：烟灰缸撤换

（1）明确烟灰缸撤换情形

宾客用餐时，餐台上的烟灰缸内应始终保持清洁，使用过的烟灰缸应及时撤

换，一般有 2 个烟蒂就应立即更换。

（2）进行烟灰缸撤换操作

1）烟灰缸撤换步骤

餐厅服务员在撤换烟灰缸时，应遵循"二换一"原则，主要有 3 个步骤，如图 3-39 所示。

1	用干净的烟灰缸压放在用过的烟灰缸上
2	将两个烟灰缸同时撤下
3	再将干净的烟灰缸放回原处

图 3-39　烟灰缸撤换步骤

2）烟灰缸撤换注意事项

餐厅服务员在进行烟灰缸撤换时应注意以下 2 个事项。

① 撤换烟灰缸时，应防止烟灰飘落，影响宾客用餐体验。

② 撤换烟灰缸时，应先做防火安全检查，看是否有未熄灭的烟蒂，如有应进行灭火处理。

（3）无烟餐厅宾客吸烟处理

若为无烟餐厅，出现宾客吸烟情况，餐厅服务员应及时提醒宾客，并采取以下有效措施处理。

① 礼貌地提醒宾客，餐厅为无烟餐厅，禁止吸烟，并向宾客指明禁烟标志。

② 若有吸烟区，指引宾客去吸烟区。

③ 如果没有起到作用，就提醒宾客周围有妇女和儿童，此处为公共场所，不要吸烟。

3.3.3　操作 3：小毛巾撤换

（1）明确小毛巾撤换情形

在宾客进餐的整个过程，餐厅服务员须向宾客提供 3～4 次小毛巾。小毛巾撤换情形如图 3-40 所示。

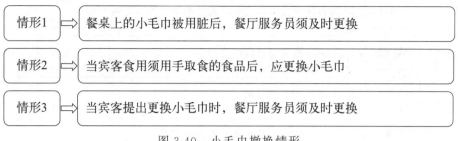

图 3-40　小毛巾撤换情形

（2）进行小毛巾撤换操作

1）小毛巾撤换步骤

小毛巾撤换主要有以下 3 个步骤，如图 3-41 所示。

1 用毛巾夹将使用过的脏毛巾撤走

2 用毛巾碟承托热毛巾，或用毛巾夹把小毛巾从保温箱内取出放在毛巾篮里

3 到宾客餐台前，将小毛巾逐一派到宾客手上

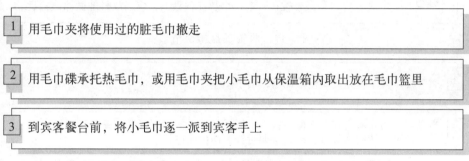

图 3-41　小毛巾撤换步骤

2）小毛巾撤换注意事项

忌在同一毛巾篮或托盘上收撤换毛巾。派送热毛巾时应按先宾后主、女士优先的原则派送，并要求使用礼貌用语，"先生/小姐，请您用毛巾"。

3.3.4　操作 4：中西餐餐盘撤换

（1）明确餐盘撤换情形

1）中餐餐盘撤换情形

中餐餐盘撤换情形如图 3-42 所示。

2）西餐餐盘撤换情形

西餐餐盘撤换情形如图 3-43 所示。

（2）进行餐盘撤换操作

1）餐盘撤换步骤

餐厅服务员进行餐盘撤换时，应遵循以下 3 个步骤，如图 3-44 所示。

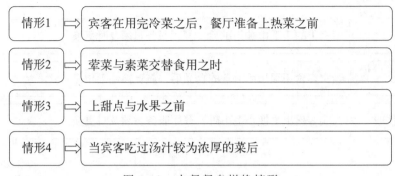

图 3-42　中餐餐盘撤换情形

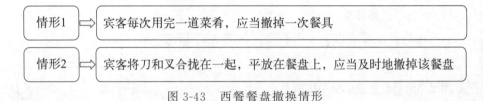

图 3-43　西餐餐盘撤换情形

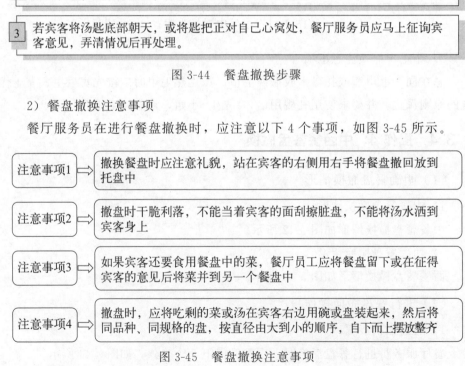

图 3-44　餐盘撤换步骤

2）餐盘撤换注意事项

餐厅服务员在进行餐盘撤换时，应注意以下 4 个事项，如图 3-45 所示。

注意事项1	撤换餐盘时应注意礼貌，站在宾客的右侧用右手将餐盘撤回放到托盘中
注意事项2	撤盘时干脆利落，不能当着宾客的面刮擦脏盘，不能将汤水洒到宾客身上
注意事项3	如果宾客还要食用餐盘中的菜，餐厅员工应将餐盘留下或在征得宾客的意见后将菜并到另一个餐盘中
注意事项4	撤盘时，应将吃剩的菜或汤在宾客右边用碗或盘装起来，然后将同品种、同规格的盘，按直径由大到小的顺序，自下而上摆放整齐

图 3-45　餐盘撤换注意事项

3.3.5 操作5：酒具撤换

（1）明确酒具撤换时机

餐厅服务员在撤换酒具前，应明确酒具撤换时机，以便根据时机情况进行撤换，满足宾客的需求，提高宾客的满意度。

通常，当出现以下情形时，餐厅服务员应进行酒具撤换，如图3-46所示。

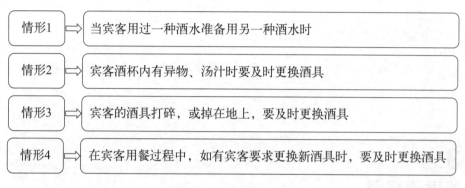

情形1	当宾客用过一种酒水准备用另一种酒水时
情形2	宾客酒杯内有异物、汤汁时要及时更换酒具
情形3	宾客的酒具打碎，或掉在地上，要及时更换酒具
情形4	在宾客用餐过程中，如有宾客要求更换新酒具时，要及时更换酒具

图3-46　酒具撤换时机

（2）进行酒具撤换操作

1）酒具撤换步骤

酒具撤换操作主要包括3个步骤，具体说明如图3-47所示。餐厅服务员应根据酒具撤换步骤进行撤换，以便在不影响宾客就餐的情况下及时完成酒具撤换工作。

1. 餐厅服务员应根据就餐人数及宾客点菜情况，准备好宾客所需要的酒具，并将其放于托盘内一侧

2. 餐厅服务员应按顺时针方向，先从主宾开始，左手托盘，右手撤换

3. 在酒具撤下后10min内，餐厅服务员应将撤换的脏酒具送到洗碗房清洗

图3-47　酒具撤换步骤

2）酒具撤换注意事项

餐厅服务员撤换酒具时应注意以下5项，如图3-48所示。

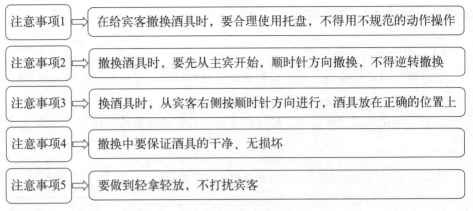

注意事项1	⇒	在给宾客撤换酒具时，要合理使用托盘，不得用不规范的动作操作
注意事项2	⇒	撤换酒具时，要先从主宾开始，顺时针方向撤换，不得逆转撤换
注意事项3	⇒	换酒具时，从宾客右侧按顺时针方向进行，酒具放在正确的位置上
注意事项4	⇒	撤换中要保证酒具的干净、无损坏
注意事项5	⇒	要做到轻拿轻放，不打扰宾客

图 3-48　酒具撤换注意事项

3.4

鸡尾酒服务

3.4.1　方法 1：鸡尾酒调制方法

（1）鸡尾酒调制基本用具

鸡尾酒，是一种量少而需冰镇的饮料，以朗姆酒、威士忌等烈酒或葡萄酒为基酒，再配以其他材料，如果汁、鸡蛋等，以搅拌法或摇荡法调制而成，最后加以柠檬片或薄荷叶装饰。简言之，鸡尾酒＝基酒＋辅料＋配料＋装饰物。

在调制鸡尾酒时，通常会用到摇酒壶、调酒杯、电动搅拌机、各种不同类型的酒杯、冰桶和冰酒杯、螺丝刀开瓶器、吧勺和量酒杯、砧板、托盘、杯垫、调酒棒等。

（2）鸡尾酒杯的类别

鸡尾酒对杯子的选择极为讲究，不同类型的鸡尾酒，要选用专用的杯子，以更好地体现鸡尾酒的特点，鸡尾酒杯子的 10 种类别如表 3-12 所示。

（3）鸡尾酒调制方法

1）兑和法

将配方中的酒水按分量直接倒入杯里，不需搅拌或做轻微的搅拌即可。操作要点：按相对密度从大到小添加酒水贴壁注酒，避免不同的酒液冲撞混合。

表 3-12　鸡尾酒杯子类别

名称	简介	图示
利口杯	利口杯是一种容量为 1oz(盎司❶,计量单位)的小型有脚杯,杯身为管状,可用来饮用五光十色的利口酒、彩虹酒等,也可用于伏特加、特基拉、朗姆酒的清尝	
烈酒杯	在不加冰的情况下饮用除白兰地以外的蒸馏酒时所用的杯子,杯子的容量大约在 1～2oz 的范围内。杯底厚实,杯身线条柔滑,呈小喇叭状	
马提尼杯	是一种倒锥形(V 形)的带柄玻璃杯,也叫鸡尾酒杯,是鸡尾酒中最常用的杯子,也是短饮款鸡尾酒最多使用的酒杯	
雪利酒杯	雪利酒杯底部有握柄,上方深度约与酸酒杯相同,但为内凹之弧状,用于饮用雪莉酒和波特酒时使用	
玛格丽特杯	做玛格丽特系列鸡尾酒专用酒杯,玛格丽特被称作"鸡尾酒之后",它是除马天尼以外世界上知名度最高的传统鸡尾酒之一	
飓风杯	也被称作旋风杯,它的杯柄很短,杯身很长(可以和高球杯交换使用),且呈曲线形,整体形状类似于一个花瓶,杯口顶部则类似于喇叭口	
爱尔兰咖啡杯	一般用于热饮鸡尾酒,因此采用抗热材质做成,带有杯脚和矮矮的杯柄,还带有一个手柄方便持杯	

❶ 1 美制液体盎司＝29.57 毫升,1 英制液体盎司＝28.41 毫升。

名称	简介	图示
古典杯	是在加冰的情况下饮用蒸馏酒时主要使用的酒杯，古典鸡尾酒、尼格龙尼、威士忌等等会用到这种杯子	
高球杯	高球杯杯子的容量为 8～10oz，比古典鸡尾酒杯的杯身要高，比柯林杯要矮但更宽、更结实	
柯林杯	柯林杯的容量为 8～12oz，可用于饮用新加坡司令等鸡尾酒	

2）调和法

把酒水按配方分量倒入酒杯中，加进冰块，用酒吧勺搅拌均匀。常用在调制烈性加味酒时，例如调制马丁尼等酒味较辛辣、后劲较强的鸡尾酒。

3）摇和法

把酒水与冰块按配方分量倒进摇酒器中摇荡，摇匀后过滤冰块，将酒水倒入酒杯中（多使用鸡尾酒杯或香槟杯），操作时注意摇壶的手势（单手、双手）。

4）搅和法

把酒水与碎冰块按配方分量放进电动搅拌机中，启动电动搅拌机运转 10min，连冰块带酒水一起倒入酒杯中（多使用柯林杯和飓风杯）。

（4）常见的鸡尾酒调制方法

20 种常见的鸡尾酒调制方法如表 3-13 所示。

表 3-13　常见的鸡尾酒调制方法

序号	名称	材料	做法
1	干马天尼	金酒 3/2oz、干味美思 5 滴	加冰块搅匀后滤入鸡尾酒杯，用橄榄装饰
2	甜马天尼	金酒 1oz、甜味美思 2/3oz	加冰块搅匀后滤入鸡尾酒杯，用红樱桃装饰

序号	名称	材料	做法
3	中性马天尼	金酒 1oz、干味美思 1/2oz、甜味美思 1/2oz	加冰块搅匀后滤入鸡尾酒杯,用樱桃和柠檬皮装饰
4	干曼哈顿	黑麦威士忌 1oz、干味美思 2/3oz、安哥斯特拉苦精 1 滴	在调酒杯中加入冰块,注入酒料,搅匀后滤入鸡尾酒杯,用樱桃装饰
5	中性曼哈顿	黑麦威士忌 1oz、干味美思 1/2oz、甜味美思 1/2oz、安哥斯特拉苦精 1 滴	在调酒杯中加入冰块,注入酒料,搅匀后滤入鸡尾酒杯,用一颗樱桃和一片柠檬片进行装饰
6	甜曼哈顿	黑麦威士忌 1oz、甜味美思 2/3oz、安哥斯特拉苦精 1 滴	在调酒杯中加入冰块,注入酒料,搅匀后滤入鸡尾酒杯,用樱桃装饰
7	威士忌酸	威士忌 3/2oz、柠檬汁 1/2oz、砂糖 1 匙	将上述材料加冰搅匀后滤入高球杯中,并加满冰苏打水,将一块柠檬皮拧汁撒在酒的表面,再用一片柠檬片和一颗红樱桃装饰
8	得其利	淡罗姆 3/2oz、柠檬汁 1/2oz、砂糖 1/2 匙	将上述材料加冰搅匀后滤入马提尼杯,或加有冰块的古典杯内,必要时可多加点糖,用一块鲜柠檬皮装饰
9	玛格丽特	特基拉酒 1oz、橙皮香甜酒 1/2oz、鲜柠檬汁 1oz	先将浅碟香槟杯用精细盐圈上杯口待用,并将上述材料加冰摇匀后滤入玛丽格特杯中,饰以一片柠檬片即可
10	螺丝钻	伏特加 3/2oz、鲜橙汁 4oz	将碎冰置于古典杯中,注入酒和橙汁,搅匀,以鲜橙点缀
11	白兰地亚历山大	白兰地 2/3oz、棕色可可甜酒 2/3oz、鲜奶油 2/3oz	将上述材料加冰块充分摇匀,滤入鸡尾酒杯后用一块柠檬皮拧汁撒在酒的表面,再用一颗樱桃进行装饰并在酒面撒上少许豆蔻粉
12	吉普森	金酒 1oz、干味美思 2/3oz	将上述材料加冰摇匀后滤入鸡尾酒杯,然后放入一颗小洋葱
13	特基拉日出	特基拉酒 1oz、橙汁适量、石榴糖浆 1/2oz	在飓风杯中加适量冰块,量入特基拉酒,兑满橙汁,然后沿杯壁放入石榴糖浆,使其沉入杯底,并使其自然升起呈太阳喷薄欲出状

序号	名称	材料	做法
14	红粉佳人	金酒 3/2oz、柠檬汁 1/2oz、石榴糖浆 2 茶匙、蛋白 1 个	将酒料加冰摇匀至起泡沫,后滤入鸡尾酒杯,以红樱桃点缀
15	生锈钉	苏格兰威士忌 1oz、杜林标甜酒 1oz	将碎冰放入古典杯中,注入材料慢慢搅匀即成
16	罗伯罗伊	苏格兰威士忌 2oz、甜味美思 1/2oz、苦精 1 滴	将上述材料搅拌均匀后滤入鸡尾酒杯,放入一块柠檬皮装饰
17	边车	白兰地 3/2oz、橙皮香甜酒 1/4oz、柠檬汁 1/4oz	将上述材料摇匀后注入鸡尾酒杯,饰以红樱桃
18	金菲士	金酒 2oz、君度酒 2oz、鲜柠檬汁 2/3oz、蛋白 1 个、糖粉 2 茶匙、苏打水适量	将碎冰放入调酒壶,注入酒料,摇匀至起泡沫,倒入高球杯中,并在杯中注满苏打水
19	白兰地费兹	1 茶匙糖粉、1 个柠檬的汁、1 份白兰地酒	摇酒壶摇妥,滤入高球杯,加满冰镇苏打水
20	新加坡司令	金酒 3/2oz、君度酒 1/4oz、石榴糖浆 1oz、柠檬汁 1oz、苦精 2 滴、苏打水适量	将各种酒料加冰块,摇匀后滤入柯林杯内,并加满苏打水,用樱桃和柠檬片装饰

3.4.2　方法 2:鸡尾酒调制创新方法

（1）鸡尾酒创新方法

鸡尾酒创新是高级餐厅服务员的必修功课之一。首先要掌握一定数量的鸡尾酒配方,特别是著名鸡尾酒配方,积累前辈们的经验。创新鸡尾酒同样以宾客的喜欢接受为宗旨,同时还要在实时动态和饮酒的趣味性上多动脑筋,这样才能创作出优秀的鸡尾酒。

在鸡尾酒创新上可以把握以下 5 个方法。

① 变换基酒:如"马天尼"就有金酒型和伏特加型。

② 变换利口酒:如"戴克瑞"就分为"香蕉戴克瑞""蜜瓜戴克瑞"等。

③ 变换装饰物:如"盐狗"就分为有盐边装饰的和无盐边装饰的"无尾狗"。

④ 变换颜色:如"黑色俄罗斯"通过添加牛奶变成白色成为"白色俄罗斯"。

⑤ 变换饮用方法:如"B-52 鸡尾酒"就有单杯饮用以及使用子弹杯架多支饮用。

另外,时下流行的"花式调酒"也是鸡尾酒创新的一个例证,它是在调制方法和表现形式上的创新。

（2）鸡尾酒创新原则

1）新颖独特

鸡尾酒的设计要求构思新颖特别，与众不同，制作出来的酒品有鲜明的特征，能给饮用者视觉、味觉和触觉以美的感受。酒品所传达的意境应耳目一新，饮用者觉得富有新意，而能引起情感的共鸣。

2）口味适宜

口味是评判一款鸡尾酒优劣的重要因素。不同国家、不同地区、不同性别的人们对鸡尾酒的口味要求各不相同。一般而言，女生比较喜欢酒精度较低，用鲜果汁调制的长饮。男生较多喜欢酒香浓郁、酒精浓度稍高的短饮。因此，在调制鸡尾酒的时候，应考虑饮用者的口味偏好。

3）经济实惠

在设计创作一款鸡尾酒时应考虑其制作成本。鸡尾酒的成本由基酒、调辅材料、装饰物等直接成本和其他间接成本所构成。成本过高，直接影响到酒品的销售价格，这将影响到酒品的推广。因此，进行创新鸡尾酒时，应选择一些经济实惠的材料，在保证酒品的口味质量的前提下，控制好材料成本。

3.5
咖啡服务

3.5.1 标准1：咖啡讲解术语

（1）咖啡讲解专业术语

餐厅服务员应掌握基本的咖啡讲解术语，体现专业性，给宾客提供良好的咖啡服务体验。一些比较常见的咖啡讲解术语如表 3-14 所示。

表 3-14　咖啡讲解专业术语

术语类型	内容	具体描述
香气	花香	这种香气类似于花的芬芳，一般情况下为茉莉花、咖啡花、柠檬花的花香
	果香	这种香气让人联想到水果的香气与味道，一般情况下为苹果、柑橘、水蜜桃的果香

术语类型	内容	具体描述
香气	巧克力香	这种香气容易让人联想到可可粉或巧克力的味道,一种与咖啡的甘味联系在一起的香气
	坚果香	这种香气是干果类的新鲜的香酥气味,特别是在中度烘焙的咖啡中,很容易感受到栗子、核桃、花生等干果的酥香
	泥土香	通常用来形容辛香而具有泥土气息的印度尼西亚咖啡
	烟草香	这种香气指的是烟草的清香,同时也指有着烟草叶燃烧的香气
味道	苦味	苦是一种基本的味觉,感觉区分布在舌根部分,深色烘焙法的苦味是刻意营造出来的
	甜味	咖啡本身就含有糖分,这种味道是存在于蔗糖或果糖中的代表性味道,并总是与果香、巧克力香和焦糖香联系在一起。它也经常用来描述那些不是因为香味添加而是咖啡本身所产生的甜味
	咸味	有如盐水的味道,咖啡中的咸味因为有苦味、酸味的强烈感所以不会很明显、很直接地感受到
	酸度	生长在高原的咖啡一般具有的酸辛强烈的特质。咖啡的酸度与苦味或发酸不同,也无关酸碱值,而是促使咖啡发挥提振心神与洗涤味觉等功能的一种清新、活泼的特质
口感	清淡	口感通常相当寡然无味。咖啡粉的分量不足,而水太多的咖啡,也会造成同样的清淡效果
	温和	表示某种咖啡具有调和、细致的风味,生产于拉丁美洲的高原地区的高级咖啡,通常被形容为质地温和,此外它也是咖啡界的一种术语,用来指所有除巴西外生产的咖啡
	浓烈	表示深色烘焙咖啡强烈的风味
	狂野	形容咖啡具有极端的口味特征,一般人若是无法接受的话,会称之为"古怪",但也可能是吸引人的特色

（2）咖啡讲解话术

餐厅服务员进行咖啡讲解时,首先应简单介绍咖啡的制法,然后分别描述咖啡的香气、味道、口感3个方面。咖啡讲解的话术如图3-49所示。

> 话术说明:
> 　　先生/女士,您好,这款卡布奇诺咖啡是由1/3浓缩咖啡、1/3蒸汽牛奶、1/3泡沫牛奶调制而成。撒上了肉桂粉的泡沫牛奶,混以自下而上的意大利咖啡的香气,有一种让人无法抗拒的独特魅力,起初闻起来时味道很香,第一口喝下去时,可以感觉到大量奶泡的香甜和酥软,第二口可以真正品尝到咖啡豆原有的苦涩和浓郁,最后当味道停留在口中,又会觉得多了一份香醇和隽永。

图3-49　咖啡讲解话术

3.5.2　标准2：咖啡调制标准

（1）咖啡服务步骤

咖啡服务主要包括准备、调制、送上咖啡，以及添加咖啡4步，具体步骤如图3-50所示。

进行准备	根据宾客订单，服务员准备好相应数量的咖啡杯、咖啡碟、咖啡勺、长饮杯等；准备制作咖啡的原料，如咖啡豆、牛奶
咖啡调制	根据宾客需要，调制所需咖啡，如拿铁咖啡、冰摩卡咖啡等
送上咖啡	宾客点完单后，餐厅服务员尽快为其提供饮料，并根据宾客所点的食品和饮料，调整桌台原有的餐用具
添加咖啡	餐厅服务员应关注宾客剩余咖啡，余量不多时，应及时为宾客续杯

图 3-50　咖啡服务步骤

（2）常见咖啡调制

餐厅服务员应掌握常见咖啡的调制标准，下面是以140mL的咖啡杯为例，对7种常见咖啡的调制标准进行说明，如表3-15所示。

表 3-15　常见咖啡调制标准

名称	原料	制法
拿铁咖啡	糖浆 10mL，纯咖啡 50mL，牛奶 60mL	◆ 纯牛奶热至 60~65℃ ◆ 倒入打泡壶，打成细腻的奶泡，并震掉大的气泡 ◆ 杯中倒入糖浆，加 40mL 奶泡壶下层的牛奶搅匀 ◆ 加入奶泡至咖啡杯的六~七分满 ◆ 缓缓倒入浓缩的咖啡液
冰摩卡咖啡	巧克力酱 25g，冰牛奶 110mL，黑咖啡 20mL，冰淇淋球 1 颗，冰块约半杯	◆ 将冰块放入杯中，挤入巧克力酱，再倒入冰牛奶，搅匀 ◆ 倒入已晾凉的黑咖啡，搅匀 ◆ 将冰淇淋球放在表面
维也纳咖啡	热咖啡 1 杯，鲜奶油适量，巧克力糖浆适量，七彩米少许，糖包	◆ 将冲调好的咖啡倒于杯中，约八分满 ◆ 在咖啡上面以旋转方式加入鲜奶油 ◆ 淋上适量巧克力糖浆 ◆ 最后撒上七彩米，附糖包上桌

名称	原料	制法
卡布奇诺	咖啡粉 10g,牛奶 120mL,巧克力碎少许	◆ 用咖啡机煮好咖啡 ◆ 牛奶煮到微沸,用打沫器打到原来体积的约 1.5 倍 ◆ 打好后杯子轻震几下,震出大气泡 ◆ 微微晃动杯子,让奶泡均匀 ◆ 咖啡杯用开水温热,倒入 1/3 的咖啡,倒入泡沫牛奶 ◆ 撒上巧克力碎即可
奶油咖啡	咖啡粉 10g,肉桂粉少许,柠檬屑少许,淡奶油适量,蓝莓酱 15g	◆ 取淡奶油打发,泡好咖啡,刨取柠檬屑 ◆ 在淡奶油里加蓝莓酱,打发 ◆ 杯子放适量咖啡,盖上奶油,撒肉桂粉、柠檬屑即可
北欧咖啡	咖啡 130mL,蛋黄 1个,细砂糖 5g,淡奶油 25g,朗姆酒、可可粉适量	◆ 厚底锅中放入蛋黄和细砂糖打匀 ◆ 慢慢冲入煮好的咖啡,边冲边搅匀 ◆ 用微小火加热,边加热边搅拌,煮到边缘有小泡起来 ◆ 倒入杯中,加朗姆酒 ◆ 打发淡奶油,装裱花挤入咖啡中,筛少量可可粉即可
意式咖啡	咖啡粉 7g,纯净水适量	◆ 把咖啡粉倒入蒸馏咖啡机的过滤器内 ◆ 用捣棒将咖啡压平,装上咖啡器,启动开关,抽取约 30mL 一杯的浓缩咖啡

3.6

结账送客服务

3.6.1 规范 1:结账服务规范

(1)核对账单

结账服务是宾客进餐结束后,餐厅服务员为宾客结算餐费和酒水费用的服务,是餐饮服务的重要组成部分。当宾客示意结账后,餐厅服务员应第一时间核对宾客账单,保证账单无误后为宾客送上。

核对账单时餐厅服务员应注意凡涂改或不洁的结账单，不可呈给宾客。结账单送上而未付款者，服务员要留意防止宾客逃账。

（2）结账程序

宾客结账时，餐厅服务员应询问付款方式。结账服务须结合付款方式，保持优质服务的整体性和一贯性。移动线上支付是当代餐厅最常见的支付方式，其他支付方式还包括现金支付和刷卡支付等。不同结账方式下的结账规范如表3-16所示。

表3-16　不同结账方式下的结账规范

付款方式	结账规范
线上支付	（1）餐厅服务员为宾客送上账单 （2）将宾客引领到收银处 （3）若为宾客扫码支付，餐厅服务员应告知宾客打开可付款软件"扫一扫"功能 （4）若为餐厅扫码收款，餐厅服务员应告知宾客打开可付款软件"付款"功能 （5）收银后请宾客出示付款凭证，收银员检查后台，确认金额无误 （6）餐厅服务员告知宾客可以离去，并真诚感谢宾客
现金支付	（1）清点钱数，并请宾客等候，将账单及现金快速送收银处 （2）收银员收现金时须唱票唱收，且在账单三联上盖上"现金收讫"章 （3）待收银员收完钱后，服务员将账单第一页及所找零钱夹在结账夹内，送还宾客 （4）服务员站立于宾客右侧，打开结账夹，将账单第一页及所找零钱递给宾客，同时真诚地感谢宾客 （5）接受外币结账时，应将兑换率及消费金额详列，并填写兑换税单，请宾客签名 （6）宾客确定所找钱数正确后，服务员应迅速离开餐桌
刷卡支付	（1）询问有无交易密码 （2）若无交易密码，服务程序如下 ① 请宾客稍等，快速将卡片和账单送回收银处 ② 收银员做好卡片收据，服务员将收据、账单和卡片夹在结账夹内拿回餐厅 ③ 将结账夹打开，从宾客右侧递上笔，请宾客分别在账单和卡片收据上签名 ④ 检查是否与卡片上的签名一致 ⑤ 将账单第一页、卡片收据中的存根页及卡片递给宾客，并真诚地感谢宾客 （3）若宾客卡片凭密码交易，则礼貌地请宾客一同前往收银处结账

（3）结账后事项

1）对客服务

① 结完账后要礼貌地向宾客道谢。

② 如宾客结完账却未马上离开餐厅，服务员应继续提供服务，为宾客添加茶水。

2）注意事项

① 钱钞上附有细菌，拿取后，手指不可接触眼睛、口及食物。

② 餐厅服务员不得随意向宾客索取小费。

3.6.2 规范2：送客服务规范

送客服务是餐饮服务流程的结束环节，是礼貌服务的具体体现，良好的送客服务可使宾客感觉到被尊重、关心、欢迎等，体现了餐厅的服务理念，也可给宾客留下良好印象，从而使宾客成为老宾客。下面是一则餐饮企业的送客服务规范范例。

规范名称	送客服务规范		受控状态	
			编　号	
执行部门		监督部门	编修部门	

第1章　总则

第1条　目的。

为了规范餐厅服务员送客服务，提高服务质量，特制定本规范。

第2条　适用范围。

本规范适用于餐厅送客服务工作的管理。

第3条　职责分工。

1.餐厅服务员负责送客服务的主要工作。

2.餐厅领班负责对餐厅服务员工作的检查，以及送客时意外情况的处理。

第2章　为客人打包

第4条　对于点菜较多未吃完的宾客，餐厅服务员应在其即将离开时主动询问其是否需要打包，如果需要，应热情为其打包。

第5条　询问宾客对用过的饭菜是否满意，如宾客有不满意之处，应向宾客解释并表示竭诚改善。

第3章　提醒宾客携带随身物品

第6条　宾客起身后，餐厅服务员可以为宾客拉椅子，以方便宾客起立。

第7条　如宾客有寄存衣物，餐厅服务员在征得宾客同意后，可代宾客取之。

第8条　注意宾客有没有遗忘的东西留在餐桌或椅子上，如有应立刻交给宾客。

第4章　送客

第9条　宾客起身离开时，沿途的服务人员要停下手中的工作，主动为宾客让路，并微笑地向宾客道别,目送宾客离开。

第 10 条　送别人员要走在宾客前方,将宾客送至餐厅门口。

第 11 条　送别人员要使用告别语主动向宾客告别,如"您慢走,欢迎再次光临"。

第 12 条　遇特殊天气,下雨时要为没带雨具的宾客打伞、扶老携幼、帮助宾客叫出租车等,直至宾客安全离开。

第 13 条　对大型餐饮活动的欢送要隆重、热烈,送别人员应穿戴规范,列队欢送,使宾客真正感受到服务的真诚和温暖。

第 5 章　宾客醉酒处理

第 14 条　单身宾客醉酒时的情况。

1. 发现单身宾客醉酒时,及时通知领班。

2. 把宾客劝回自己房间或者将其礼貌送走。

3. 在以上两种措施无效的情况下,通知安保人员处理。

第 15 条　非单身宾客醉酒时的情况。

1. 发现宾客醉酒时,及时通知领班。

2. 劝宾客的朋友将其扶走。

3. 在以上两种措施无效的情况下,通知安保人员处理。

第 6 章　送客服务注意事项

第 16 条　用餐结束后,若宾客没有马上起身离开的意愿,此时餐厅服务员不要急于去收拾餐台,可以继续为宾客续添茶水。

第 17 条　餐厅服务员不要主动询问宾客是否收拾餐台或问宾客是否已经用餐完毕,这很不礼貌。同时,餐厅服务员不要干扰宾客的谈话。

第 18 条　即使有的宾客在餐厅已经停止营业后还没有离开,餐厅服务员也不能使用清理卫生、搬动桌椅、关灯等方式暗示宾客离开。

第 7 章　附则

第 19 条　本规范由餐饮部负责编制、解释与修订。

第 20 条　本规范自××××年××月××日起生效。

编制日期		审核日期		批准日期	
修改标记		修改处数		修改日期	

第4章

餐后工作

4.1

餐后收台

4.1.1 步骤 1: 餐、酒具撤换步骤

宾客离开餐厅时，餐厅服务员应将宾客恭送至餐厅门口，目送宾客离开，然后返回餐厅，按规格和程序进行操作、收拾台面，餐、酒具撤换主要有检查、回收、换新 3 个步骤。

（1）检查

① 检查台面餐具是否有破损，若有破损及时向上级汇报。

② 检查餐具内是否有剩菜、剩汤。若有，倒进撤台桶内，已经凝固的用筷子或勺子刮干净。

③ 注意撤台桶内剩菜、剩汤不能太满，避免倾倒的过程溢出。

（2）回收

① 将台面贵重餐具先回收到指定地方。

② 使用托盘收玻璃酒具，遵循"先高后低"顺序。

③ 对客用餐具应先收取小餐具，包括小勺、汤碗、茶碗、骨碟、烟灰缸等，分别摆放于收餐车中，然后收取大餐具，将两者分类摆放。

④ 对厨房使用的餐具进行分类摆放回收，较重和体积较大的餐具在下，小餐具在上，避免大餐具压小餐具，导致破损。

⑤ 对于一些可以再回收使用的，比如雕刻、装饰小餐具等及时收回，并送回厨房。

⑥ 同一形状的餐具可以摞起来撤掉，摆放时要注意整齐稳当，以免倾倒。

⑦ 玻璃器皿、异形餐具要分开收放，不能混装，避免碰撞破损。

⑧ 用托盘、撤台桶，将餐具送回洗碗间。

⑨ 台面餐具撤完后，应小心将台面清理干净，将台布上的鱼刺、牙签、骨头等尖锐杂物清理至杂物筐内，避免台布破损或刺伤服务员。

（3）换新

① 在干净的台布上，替换清洁、消毒后的餐具，按照摆台标准放置。

② 如餐桌上使用转盘，则须先取下已用过的转盘罩及转盘，更换台布，再摆好转盘，套上干净的转盘罩。

4.1.2 步骤 2：台布撤换步骤

台布撤换主要有准备、回收、换新、检查 4 个步骤。

（1）准备

① 服务员站立于桌边一侧，将干净、无破损的新台布置于椅背上。

② 检查台布上有无杂物，若有，应清理干净，避免脏的台布有尖锐物划伤餐厅服务员。

（2）回收

将脏台布折上两角，即服务员站立位置两角，双手将脏台布的下垂部分折到台面上来，以不露出台面板为准。

（3）换新

① 将干净台布横向打开，铺在桌长边的另一侧，即铺在脏台布的折叠部分上。

② 用双手大拇指、食指、中指将干净的台布和脏的台布同时捏住，并向身体的里侧拉至中缝向上位于餐桌中间即可。

③ 将拉下的脏台布的脏面向里折好，放在座椅上。

④ 将脏台布和服务边柜上的脏口布同时送到后勤部门。

（4）检查

① 检查铺好的台布有无破损或污渍，如不符合标准，应及时更换新的。

② 检查台布下垂四角是否均等。

③ 检查台布是否中股缝向上，并朝向吧台。

④ 对齐座椅，即同一方向座椅保持在同一条直线上，将座椅向台布下垂部分推进约有 10cm 的距离。

4.2

餐后检查

4.2.1 标准 1：物品整理摆放标准

宾客用餐离去后，餐厅服务员应对餐厅物品进行整理摆放，将所有餐用具、服务用品归位。物品整理摆放标准如表 4-1 所示。

表 4-1　物品整理摆放标准

序号	项目	标准
1	餐桌	◆ 整齐摆放，归位 ◆ 餐桌上的牙签、餐巾纸、调味瓶等保持洁净，放置于圆形餐桌正中间或方形餐桌内侧
2	餐椅	◆ 整齐摆放，归位
3	餐柜	◆ 餐柜内物品摆放整齐 ◆ 保持洁净
4	盆栽	◆ 定位摆放，保持外观干净，盆栽周围干净，叶子干净、无枯死
5	装饰物	◆ 定位摆放，保持外观干净
6	杂志、报纸	◆ 放于餐厅书架上，保证外观干净、无破损
7	衣帽架	◆ 定位摆放，保证无灰尘
8	儿童餐椅	◆ 定位摆放，检查无损坏，保持外观洁净

4.2.2　标准 2：物品补充标准

餐厅服务员进行餐后检查时，应及时补充易耗品与其他服务用品，物品补充标准如表 4-2 所示。

表 4-2　物品补充标准

序号	物品	标准
1	餐巾纸	餐巾纸高度不低于纸巾盒的 2/3
2	牙签	数量不低于牙签盒的 1/2
3	卫生间洗手液	用完再补即可
4	免洗酒精洗手液	前台使用，用完再补即可
5	开瓶器	数量不少于 1 个
6	衣服套	根据餐位补齐
7	打火机	数量不少于 1 个
8	调味瓶	调味料高度不低于调味瓶的 2/3
9	笔	数量不少于 2 支

4.2.3 标准 3: 设备使用规范与保养标准

（1）相关设备使用

宾客用餐结束后，餐厅服务员应检查所有服务设备，并了解相关设备使用、操作、保养常识，避免出现安全隐患。下面是一则餐厅设备使用规范与保养标准范例。

规范名称	餐厅设备使用规范与保养标准		受控状态	
			编 号	
执行部门		监督部门		编修部门

第1章　总则

第1条　目的。

为了规范餐厅服务员使用设备行为，普及设备使用知识，特制定本规范与标准。

第2条　适用范围。

本规范与标准适用于餐厅服务员常用的电热设备、电动设备、电子设备、制冷设备、其他电气设备的使用与保养工作。

第3条　职责分工。

1.餐厅服务员负责常用设备的使用与维护工作。

2.餐厅领班负责对设备进行定期检查。

第2章　电热设备

第4条　电热水壶使用规范。

1.注水应不超过最高水位线，以免液体沸腾时溢出壶外；注水也不宜过少，否则会很快烧干。

2.不要先接通电源后再装水，否则容易烧坏发热器或因此引发危险事故。

3.为避免沸水烫伤，应先把插头拔下，切断电源再取用开水，以保安全。

4.清洁时，自动电热水壶不能浸入水中或用水淋洒冲洗。

5.不要自行维修电热水壶，应送维修店或该产品的生产厂进行维修。

第5条　电子消毒柜使用规范。

1.电子消毒柜应水平放置在周围无杂物的干燥通风处，距墙不小于30cm。

2.要经常检查电子消毒柜的柜门封条是否密封良好，以免热量散失或臭氧溢出，影响消毒效果。

3.使用电子消毒柜消毒时，如发现石英加热管不发热，或听不到臭氧发生器高压放电所产生的"吱吱"声，这就说明电子消毒柜出了故障，应停止使用，送维修部门修理。

4.每天都对电子消毒柜进行通电，这样才能保持电子消毒柜的杀毒功能。

5.定期对电子消毒柜进行清洁保养，清洁电子消毒柜时要注意，要先拔下电源插头，用干净的湿布擦拭电子消毒柜内外表面，禁止用水冲淋电子消毒柜。若太脏，可先用湿布蘸中性洗涤剂清洗，再用干净的湿布抹净洗涤剂，最后用干布擦干水渍。清洁时，注意不要撞击加热管或臭氧发生器。

第 6 条　饮水机使用规范。

1.饮水机避免置于阳光直射的环境中。

2.每次更换桶装水时都应清洗手可触及的部位:放尽饮水机内的水,然后用 75％医用酒精棉球擦拭饮水机的聪明座、内壁、龙头、积水托盘等处。

3.定期消毒饮水机内部手无法触及的部位:用消毒剂对饮水机内胆进行浸泡消毒,消毒后排尽消毒液,用纯水彻底冲洗饮水机内胆,直至闻不到消毒剂味道。

4.桶装水启封后,在一周内饮用完。

5.饮水机使用两年后,根据实际情况更换冷热水管等配件。

第 3 章　电动设备

第 7 条　吸尘器使用规范。

1.使用前先检查集尘袋是否清理干净,必要时应清理后再用。

2.每次连续使用的时间不宜超过 2 小时,以免电机过热烧毁。

3.使用时应注意保护线的绝缘保护层,以防长期在地上拖拉引起破损。

4.先将拟用吸尘器清理的场所中的大块污物清除,以防锋利物进入吸尘器而损坏电机。

5.使用时严禁将手或脚放在吸口下,以免发生危险。

6.吸尘器不能用于吸集金属碎屑或烧着的烟头等杂物,以防损坏电机和集尘袋。

第 8 条　窗帘轨保养标准。

定期涂抹润滑脂,使滑道变得光滑,同时防止生锈。

第 4 章　电子设备

第 9 条　电视机使用规范。

1.电视机不宜无节制地反复开关,这样会加速老化,影响其使用寿命。

2.不要将带有磁性的物体在荧光屏前移动,否则会导致电视机受磁,色彩紊乱。

3.梅雨季节要经常开机使用,利用机器工作时产生的热量驱散潮气。

4.看完电视后,不能单用遥控器关机,要关掉电视机上的电源,以免电视机长时间通电。

第 10 条　音响设备保养标准。

1.注意防潮,保持干燥,在潮湿的环境中很容易导致电路老化。

2.防止震动和碰撞,震动会导致扬声器磁铁失去磁性,电路断开。

3.避免高温情况下使用音响,否则容易造成退磁、纸盆老化等情况。

第 5 章　制冷设备

第 11 条　空调使用规范。

1.在空调刚运转的情况下,将开关调至高速挡进行降温,等到温度下降以后,再调至中速、低速挡。

2.空调关机后若要再次使用,时间间隔须在 5min 以上,使空调压缩机得到缓冲。

3.将空调遥控器放在显眼位置。

4.定期检查、清扫室外散热器。

第 12 条　冷藏柜使用规范。

1.冷藏柜使用期间应定期除霜,并设专人管理,保持内部整洁、干净,食品码放整齐、有序。

2.冷藏柜除霜或清理冷柜时,应先断电,不得用水冲洗电器部分,以防触电或烧毁电机。

3.冷藏柜发生故障,如漏电、声音不正常、不停机、制冷不足等现象,应及时向领班反映并报修,不得自行修理。

第6章　其他电气设备

第13条　灯具保养标准。

1.灯具必须按预订的电压和频率使用,并定期检查灯具的接地情况。

2.更换灯具、拆盖、保险丝时,必须切断电源,以免发生事故。

3.纸和布等物品不应靠近或覆盖光源。

4.定期用温水擦洗或拧干浸过肥皂水的布擦洗台灯,但不要使用汽油或挥发油。

5.灯具的金属部分不能随意打磨。灯具后面的灰尘应用干布或抹布擦洗。

6.定期检查安全照明装置,以确保不发生异常。

第14条　电梯使用规范。

1.不可在电梯内蹦跳,不可顶阻电梯门。

2.正确按键,切勿多次拍打按钮。

3.不要在意外情况下使用电梯。当发生火灾、地震、电梯进水时,不可乘坐电梯。

4.禁止携带有害液体、气体、危险品乘坐电梯,不可在电梯内吸烟。

第7章　附则

第15条　本规范与标准由餐饮部负责编制、解释与修订。

第16条　本规范与标准自××××年××月××日起生效。

编制日期		审核日期		批准日期	
修改标记		修改处数		修改日期	

（2）设备检查要点

餐厅服务员进行设备检查时,应注意以下事项。

① 电源线、配电线、开关、插头、插座、灯头等设施配件应保持良好状态,对老化的、有裂缝的、破损的设备配件应及时更换。

② 检查是否有漏电现象。

③ 电气设备不要放在潮湿处,不要空转。

④ 所有电器的安全使用距离为30～60cm。

⑤ 电源线不可直接拖放在地面,以防损坏绝缘层。

⑥ 不用金属碰电,手湿不碰电源,不用湿布擦灯具、开关等电器用具。

⑦ 不要赤手赤脚去修理或移动带电的线路或设备,如空调、电视机等,以免触电。

4.2.4　标准4：环境卫生保洁标准

餐厅服务员负责公共区域的保洁与维护,须确保环境卫生干净、无异味。餐厅服务员要做好餐厅环境的卫生保洁,餐厅环境卫生标准如表4-3所示。

表 4-3 餐厅环境卫生标准

区域分类	具体内容	保洁标准
外场、大门卫生	餐厅外玻璃、门头、玻璃门	餐厅外玻璃要求明亮无水迹、无油渍、无指纹;玻璃门无手迹、无灰尘;门头无灰尘、无污渍
	餐厅广告宣传牌	要求保证无破损、不破旧、无灰尘、字体清晰
	餐厅绿植	要求无灰尘、花盆干净、摆放整齐
	大厅地面卫生	要求地面无油渍、无水迹、无垃圾
吧台卫生	地面	要求做到无杂物、无水渍、无油渍、物品摆放整齐
	台面、墙壁	要求每餐餐前进行卫生清理
	物品	按指定区域摆放,做到干净、整洁、统一、整齐,物品准备充足
	设备设施	无水迹、无油渍、无灰尘
大厅卫生	桌面	台布要求无油迹、无褶皱、无破损
	桌子	底盘干净、无灰尘,桌子摆放整齐,布套干净
	餐具(烟灰缸、汤勺、水杯、水壶)	要求明亮、无水迹、无杂物、无破损、无油迹、无指纹,摆放整齐、统一
	座椅	无杂物、无油迹、无灰尘、无破损,摆放整齐、统一,布套干净
	地角线	无水迹、无油迹、无灰尘
	高空吊顶、灯、帘、墙面、玻璃	要求明亮、无灰尘、无水迹、无指纹
	工作台	工作台表面和台面无水迹、无油迹、无灰尘,物品摆放规范、整齐、统一
	垃圾桶	干净、无异味、无水迹、无垃圾且套好垃圾袋
	物品柜	无杂物、无油迹、无污迹
	地面卫生	要求地面无油迹、无水迹、无垃圾、无拖痕
	清洁用品	要求清洗干净、摆放整齐、无异味、无杂物、无污渍
	灭火器	要求无灰尘、无水迹、周边无杂物
包间卫生	衣架	无灰尘
	玻璃	明亮、无水渍、无手迹、无油渍
	隔断	无灰尘、无污渍
	窗帘	无破损、无异味、无污渍
	其他处卫生(桌子、椅子、工作柜、垃圾桶等)	无破损、无污渍、无灰尘、无异味
公共卫生间	门、门框	无灰尘,无污迹
	卫生间内	无杂物、无异味、无水苔、无堆放、无死角卫生
	便器、马桶	无污迹、无异味、无灰尘、干净明亮

4.3

餐、酒具的清洁、保养与储存

4.3.1 步骤：餐、酒具清洁步骤

（1）餐、酒具的清洁和消毒操作

餐厅服务员在进行餐、酒具的清洁和消毒操作时，应明确操作步骤，并注意相关事项，保证餐、酒具的卫生符合标准。

1）餐、酒具的清洁和消毒步骤

餐、酒具的清洁和消毒步骤如图 4-1 所示。

配制	配制清洗液，包括去污液与消毒液，配制时注意按照配方配制并在使用时要注意节约
刷洗	用刷子或各种清洁用具把餐、酒具刷洗干净，或放入洗碗机中清洗
冲洗	将使用洗涤剂的餐、酒具用清水清洗，冲洗至少三次
擦拭	将餐、酒具上的水渍擦拭干净
分类	将餐、酒具分类装筐，避免碰撞、破损
消毒	用高温、药物或者红外线电子消毒柜消毒
存放	将消毒后的餐、酒具放在保洁柜中，要进行密封，防止细菌的进入

图 4-1　餐、酒具的清洁和消毒步骤

2）注意事项

① 洗涤剂一般最佳的使用水温在 30～40℃时，清洗效果最佳。

② 漂白水消毒液，温度低于 30℃。

③ 洗洁精和消毒液不能同时使用。

④ 使用漂白水消毒液必须用水稀释后才能使用，不要直接接触皮肤。

⑤ 被消毒物品应该全部浸没在水中，消毒后应该用 50～60℃的水冲洗干净

后才能使用。

⑥ 清洗过程中，轻拿轻放餐、酒具，避免碰撞、破碎。

（2）清洁剂、消毒剂

餐厅服务员在进行餐、酒具清洁时，应识别不同类型的清洁剂、消毒剂，并掌握使用方法，进行餐、酒具的清洁和消毒工作。

1）清洁剂类型与使用方法

常见的清洁剂有如表4-4所示的9种。

表 4-4　常见的 9 种清洁剂

类型	用途	使用方法
中性清洁剂	适用于地板、铝门窗、瓷砖的清洁	视污渍程度稀释 4～40 倍使用。深度污渍按 1：4 使用，普通污渍按 1：15 使用，轻度污渍按 1：40 使用
全能清洁剂	适用于玻璃、铝门窗、皮革、胶地板、瓷砖、云石、地毯等各种材料的表面清洁	视污渍程度稀释 3～40 倍使用。重度油污按 1：3 使用，普通污渍按 1：10 使用，轻度污渍按 1：40 使用
玻璃清洁剂	适用于玻璃门窗、镜子及各种玻璃用具。也可以用于洗手间洁具、瓷砖、不锈钢等物品的清洁	兑水 4～5 倍，距污渍表面 30cm 喷射，用玻璃刮或干布擦拭
浴室清洁剂	适用于卫生洁具、浴缸、瓷砖、马赛克、水磨石等表面的清洁	视污渍程度兑水使用。一般污渍 1 份清洁剂兑水 5～10 倍，严重污渍 1 份兑水 2～5 倍。兑水后，喷于物体表面，用毛刷或布擦拭，然后用水冲净
外墙清洁剂	适用于瓷砖、马赛克等外墙的清洁	视污渍程度稀释至 10～20 倍，喷洒于外墙表面，用刷子擦洗，然后用清水冲净（注意：使用时，应佩戴手套，避免入口或接触皮肤及眼睛，一旦接触应用大量清水冲洗）
除油清洁剂	适用于油渍的清洁	视污渍程度，兑水数倍喷洒于污渍表面，几分钟后，用刷子刷洗或用清水冲洗
地毯除渍剂	适用于清洗毛、棉、化纤、混纺和尼龙地毯上的茶渍、咖啡渍、油渍、饮料渍、唇膏渍、血渍等	1 份兑水 1～5 倍，喷洒在地毯的污渍上，用清洗机清洗或抹布擦拭即可。避免接触肌肤及眼睛，使用时戴上保护手套

类型	用途	使用方法
特效洁厕剂	适用于尿槽、便坑的清洁。同时,可以清洗洗手盆、浴缸、瓷盆、瓷砖等表面的污渍	1份兑水6倍,将其喷洒到清洁物表面进行清洗。数分钟后,用清水冲净。对所洗物体表面性质不明者,应先在不显眼地方试验,如有脱色,即用清水冲净,立即停止使用。避免触及皮肤及眼睛,若有不慎,立即用大量清水冲洗,切勿入口,使用时戴上保护手套
洗洁精	适合于任何材料的去污	使用时,应按不同的清洁对象加水稀释。使用后,必须用清水冲洗

2)消毒剂类型与使用方法

餐、酒具的消毒方式通常有高温消毒、红外线消毒以及消毒剂消毒。常见的消毒剂有以下5种,如表4-5所示。

表4-5　常见的5种消毒剂

类型	用途	使用方法
乙醇(酒精)	适用于皮肤、物品及器具等	浸泡与擦拭,消毒浓度为70%～75%,浸泡时间在10min以上
过氧乙酸	适用于皮肤、耐腐蚀物品、环境表面	浸泡、擦拭、喷洒,使用前将原液稀释至所需浓度,消毒浓度为0.1%～1%,消毒时间为1～30min,根据消毒对象确定浓度和时间
漂白粉	适用于餐、酒具及环境等	浸泡、擦拭、喷洒、干粉消毒,消毒浓度为1000～5000mg/L,作用时间为15～60min,根据消毒对象确定浓度和时间
二溴海因	适用于餐、酒具,以及水果蔬菜、各种物体表面的消毒	浸泡、擦拭、喷洒,使用时用水溶解,稀释成所需浓度的消毒液,消毒浓度为100～2000mg/L,作用时间约为30min,根据消毒对象确定浓度和时间
二氧化氯	适用于餐、酒具以及其他物品	浸泡、擦拭、喷洒,现配现用,消毒浓度为100～1000mg/L,作用时间约为30min,根据消毒对象确定浓度和时间

4.3.2　规范:餐、酒具保养规范

餐厅服务员应掌握高档餐、酒具的清洁和保养的相关技能,主要包括金银

餐、酒具，水晶餐、酒具，陶瓷餐、酒具，木质餐、酒具等。下面是一则餐、酒具保养规范范例。

规范名称	餐、酒具保养规范		受控状态	
			编　号	
执行部门		监督部门	编修部门	

第1章　总则

第1条　目的。

为了规范餐厅服务员对高档餐、酒具的保养工作，避免高档餐、酒具在使用和清洁以及保养过程中造成损坏，特制定本规范。

第2条　适用范围。

本规范适用于餐厅金银餐、酒具，水晶餐、酒具，陶瓷餐、酒具，木质餐、酒具的保养工作。

第3条　职责分工

1.餐厅服务员负责餐、酒具保养的主要工作。

2.餐厅领班负责对餐、酒具的保养进行指导和监督。

第2章　金银餐、酒具

第4条　金银碗、碟，应配置相应尺寸的瓷碗、瓷碟，以减少酸碱等对镀层的损害。

第5条　使用后应尽早用温水加洗洁精清洗，切忌用漂白粉、强酸类、去污粉等化学药剂。

第6条　金银餐、酒具洗净后先晾干，再用干布将有水渍的地方擦拭干净。

第7条　长期使用后，如果金银餐、酒具表面氧化，可将洗净的金银餐、酒具浸入加有铝箔或铝片、温度约78℃的盐水或苏打水中1～3min，也可用海绵或纯棉布涂上光亮剂干擦。

第8条　如餐刀刃出现斑点可先用浸过醋的布擦涂，或把切成一半的洋葱沾绵白糖擦拭后洗净晾干。

第9条　如果银器已经变黑，可准备一个塑料的桶，放一张铝箔纸在桶的底部，将洗银粉按10L 60～70℃水倒入4瓷勺的比例融化，再放入清洗过的银器，把银器完全浸没，泡大约半小时，取出后用清水冲干净并擦干。

第3章　陶瓷餐、酒具

第10条　新购置的陶瓷餐、酒具可以放在盐水中煮沸一段的时间，使陶瓷制品不会轻易破碎。

第11条　清洗用过的陶瓷餐、酒具要先用热水来彻底地溶解整个餐、酒具上面的油渍，之后用丝瓜络来进行全面的擦拭，再用冷水彻底地冲洗干净即可。

第4章　水晶餐、酒具

第12条　水晶材质类的餐、酒具要避免骤然改变其温度差，以免破裂。

第13条　水晶质地硬但易碎，所以尽量不要用力撞碰。

第14条　清洗时，先用温水加入少许清洁液洗去污渍，再用清水冲净，倒立于干布上。

第5章　木质餐、酒具

第 15 条　放油炸食物时,垫一层吸油纸,避免食物直接接触木质。

第 16 条　不装易染色食物,防止色素渗进木质毛细孔中,难清洗,容易在餐、酒具边缘留下印记。

第 17 条　不要放进微波炉,因为其本身含水分,微波炉高温加热时,容易变形甚至裂开。

第 18 条　不要放进冰箱,长时间将木质餐、酒具放在冰箱中,餐、酒具内部过干也容易变形。

第 19 条　不要浸泡,清洁后必须马上擦干,这样水分才不会渗入其中,缩短使用寿命。

第6章　附则

第 20 条　本规范由餐饮部负责编制、解释与修订。

第 21 条　本规范自××××年××月××日起生效。

编制日期		审核日期		批准日期	
修改标记		修改处数		修改日期	

4.3.3　方案：餐、酒具储存方案

（1）餐、酒具储存要点

不同材质的餐、酒具具有不同的储存要点,具体如表 4-6 所示。

表 4-6　餐酒具储存要点

材质	储存要点
金银餐、酒具	◆ 存放时应用布或纸包好,然后分开存放在干燥而不含硫与烟气的地方 ◆ 尽量不将金银器放在厨房内,以避免含硫的空气对镀层的损害 ◆ 金银餐、酒具长期摆放后也应定期用擦银粉擦拭,以防氧化
陶瓷餐、酒具	◆ 陶瓷餐、酒具容易出现碎裂情况,放置时不要直接重叠在一起,避免损伤
水晶餐、酒具	◆ 水晶制品摆饰类餐、酒具不会因长时间暴晒或放于灯光下而变色,因此只要每隔一段时间,用小鸡毛掸轻轻拍除上面的灰尘,或用柔软的布蘸上少许清洁液擦拭即可
木质餐、酒具	◆ 洗净晾干后的木质餐、酒具放在通风、阴凉处,不要直接放入密闭柜,否则空气湿度大时,若长期未使用很容易吸收空气中的水汽而发霉

（2）餐、酒具破损控制方案

餐厅服务员在进行餐、酒具的清洁和保养以及储存时,应避免餐、酒具破损

的发生，下面是一则某餐饮企业的餐、酒具破损控制方案范例。

方案名称	餐、酒具破损控制方案	编　号	
		受控状态	

一、目的

为了严格控制餐、酒具的破损，降低餐饮部在餐、酒具破损的支出，特制定本方案。

二、餐、酒具摆放时减少破损的方法

1.同类餐具，大餐具摆放到小餐具的下方。

2.瓷器的摆放以运送平稳为标准，大瓷器摆在餐具车的底层为宜。

3.酒具放在相应的酒具箱里。

三、餐、酒具清洗时减少破损的方法

1.在洗碗机内放餐、酒具时轻取轻放。

2.小餐具如垫碟、汤匙等应码放在平筐里清洗。

四、餐、酒具搬运时减少破损的方法

1.拿餐、酒具时要适量，一般以抱起不超过下颌的高度为标准。

2.餐具车行进时应保持平稳，保护车上的餐、酒具。

五、餐、酒具破损的监督控制

1.管事领班巡视各营业点及管事处，发现员工易造成餐、酒具破损的操作时，要及时纠正。

2.各营业点工作人员将餐、酒具交到管事处时，须与管事领班签字交接，确认餐、酒具的完好情况。

3.管事领班将每天破损严重的餐、酒具收集起来，并及时通知各部门经理及厨师长。

4.管事领班如实记录每日各营业点餐、酒具的破损情况。

5.管事处人员将餐、酒具交到仓库时，须与物资管理员签字交接，确认餐、酒具的完好情况。

六、编制破损餐、酒具各类报表

1.物资管理员按每日收回的破损餐、酒具编制"破损餐、酒具日报表"，并提交给管事领班。

2.管事领班根据物资管理员所做报表和自己的记录定期制成报表，并提交给管事经理。

3.管事经理定期向餐饮部经理汇报破损情况，由餐饮部经理负责处理。

执行部门		监督部门		编修部门	
执行责任人		监督责任人		编修责任人	

第5章

宴会设计与组织实施

5.1

宴会设计

5.1.1 设计1: 商务宴会设计

（1）商务宴会环境设计

1）商务宴会场所的选择

① 商务宴会一般人数较多，因此餐厅需要具有足够的场所以及人力来承办宴会，又因商务宴会一般规格较高，因此餐厅在设计商务宴会时要考虑实际花费是否符合顾客预算。

② 商务宴会一般是大家沟通、交流的场所，因此环境要求安静，那餐厅在设计宴会场所时就要考虑到整体场所的噪声问题，避开临街、闹区此类位置，便于宾客交流。

③ 室内光源清晰、明亮，若依靠自然光源的话要注意窗纱的配备，避免强光照射；若依靠人造光源，就要注意灯具的审美视觉以及光线的柔和度，此外光线颜色也要以暖色调为主，不应过于杂乱，给宾客带来不好的印象。

2）商务宴会意境的设计

① 商务宴会既要不失庄重，又要带有温馨色彩，因此餐厅主要色调应以红色和紫色为主，红色给人庄重的感觉，而紫色给人温馨的感觉，这样的餐厅颜色的布置更容易营造出热情与庄重的宴会氛围。

② 在重要的商务宴会中，要合理安排背景音乐，一方面可以增加情调，另一方面也可以体现出餐厅的品位。一般商务宴会中的背景音乐主要有钢琴曲、大提琴曲以及萨克斯曲等，并且在播放背景音乐时要注意音乐的音量，控制声音的分贝，既要意境悠扬，又要不影响宾客之间的相互交流。

③ 宴会厅内要根据宾客的喜好或者这场商务宴会的目的选择合适的花束和绿植进行装饰，可以是满天星、玫瑰及百合等表示友谊长存的花种，也可以是具有特定意义的迎客松等绿植。

（2）商务宴会厅台面设计

1）餐桌

餐桌的大小与宴会档次有关，宴会档次越高，规模越大，那么餐桌的面积就越大，与此同时，餐桌上的装饰也越多。

2）餐具

餐具是餐台设计中的重要工具之一，它不仅要满足客人用餐的要求，也要烘托宴会气氛、呼应宴会主题。因此在餐具的设计上，要与整体宴会风格相匹配。

3）台布

台布的设计要根据餐桌的规格以及宴会整体的布置来进行。台布最恰当的尺寸就是要比餐桌的直径或长宽尺寸多出 60～70cm 的长度，台布的颜色要与整体宴会风格相符。

（3）商务宴会菜单设计

1）菜名设计

商务宴会中的菜名设计颇有讲究，一定要表达出宴会的主要思想以及性质，一般菜名设计都会采用寓意法，比如"海纳百川""一帆风顺""前程似锦"等菜名，既表达了餐厅对顾客的美好祝福，又体现了商务宴会的性质。

2）菜肴规格设计

商务宴会在设计时要考虑到用餐人数与成本，既要体现出宴会举办方的热情好客，也要考虑到成本问题，因此规格既不能低于一般宴会，也不能超过正常用餐标准。

3）菜单装饰设计

菜单装饰要综合考虑，制作菜单的材料、形状、大小、颜色等方方面面都要考虑到。菜单封皮的样式不仅要美丽大方，还要与整体餐厅设计风格相适应，才会看起来舒适。菜单封皮在材质选择上也要与餐厅整体风格相辅相成，要体现出商务宴会的格调与特质。

4）菜式内容设计

根据每次邀请宾客的习惯、偏好以及特殊要求等设置菜式。除此之外，在菜单菜式的设计上，要凉热结合，还要配备前菜、汤品、酒水、水果等。

（4）商务宴会服务设计

① 宴会领班根据实际宴会规模和人数，计算出各岗位所需的服务人员数量，并上报给部门经理审核，审核之后及时通知到个人，做好宴会服务准备。

② 餐厅领班召开针对此次宴会进行的例会，根据实际布置做好人员分工，明确每个服务员所对应的餐厅工作区域，确定传菜员对应的传菜台以及传菜数量，安排专人撤换餐具、清理台面，并在宴会结束后把台面恢复到原有样子。

③ 宴会领班在例会中，向所有服务人员讲清宴会服务要求、菜肴特点及注意事项，做好突发事件预案，以预防宴会服务中可能出现的意外情况。

④ 宴会领班严格按照餐厅规章制度行事，将集体任务分配到人，责任到人，

根据餐厅的奖惩制度建立本次宴会服务的激励机制，督促服务员做好自己的本职工作。

⑤ 宴会领班带领所有服务人员一起在宴会前预演一遍流程，寻找是否还有遗留的、不够完善的或者没有考虑到的细节，继而修改或者增加服务事项。

⑥ 宴会领班将已经设计好的服务方案交给顾客，与顾客沟通是否还有需要改进的地方，之后确定最终方案。

（5）商务宴会策划

餐厅在进行商务宴会设计时，应设计策划方案，保证宴会的顺利进行。下面是一则商务宴会策划方案范例。

方案名称	商务宴会策划方案	编　号	
		受控状态	

一、策划目的

通过对商务宴会活动的策划，提升餐厅知名度，建立并加强与顾客之间的联系，进而取得一定的经济效益与社会效益。

二、商务宴会活动时间

20××年×月××日～20××年×月××日

三、商务宴会用餐标准

1.标准普通桌：＿＿＿＿＿元每桌。

2.中等档次桌：＿＿＿＿＿元每桌。

3.高等档次桌：＿＿＿＿＿元每桌。

四、商务宴会形式

整体宴会以桌餐形式进行。

五、优惠项目（以下优惠同享）

1.只要在本餐厅内预订宴会项目并进行全额付款后都可参与幸运抽奖活动，一等奖1名，为现金3000元整；二等奖3名，为现金1000元整；三等奖10名，为现金300元整；四等奖不限人数，为本餐厅用餐优惠券。

2.在本餐厅内消费超过10000元，总体费用享受9折优惠。

3.在本餐厅内消费超过20000元，总体费用享受88折优惠。

4.在本餐厅内消费超过40000元，总体费用享受85折优惠并每桌赠送香槟一瓶。

六、商务宴会布置

（一）区域设置

1.在宴会厅内部划分不同区域，分别设为迎宾区、签到区、主舞台、用餐区、休息区等。

2.宴会负责人寻求预订宾客的意见，再根据其对宴会厅内进行设置，随时调整宴会厅内部区域布局。

（二）现场布置

1.以红色和紫色为主色调布置宴会厅内部，可以用满天星和香水百合等鲜花装饰宴会舞台以及桌面。

2.在主持台中央悬挂企业宣传标语,在宴会厅门口放置展示台用以展示企业产品。

3.灯光根据时间而变换,下午主要以明亮白炽灯为主,在晚宴进行时,变为柔和、清晰的灯光。

(三)台面布置

1.以清新淡雅的台布装饰台面,台布中点要与餐桌中点处于同一位置。

2.各类餐具按照要求摆放整齐,配齐诸如纸巾、烟灰缸等服务用品。

(四)舞台布置

1.舞台背景放置显示屏,连接音箱,播放企业宣传相关影像资料。

2.舞台设置可挪动话筒,给表演人员提供表演物品。

3.舞台两侧用鲜花、绿植装饰,可以附加一些企业宣传标语。

七、宴会可提供的附加服务

1.宴会负责人与专门表演公司联系,确定宴会主持人与宴会表演节目。

2.请专门人员根据企业实际情况为企业致辞人写演讲稿。

3.宴会负责人全程把控宴会节奏,按流程推进宴会。

4.提供全程摄像跟拍服务,记录宴会每个精彩瞬间。

5.宴会结束后,餐厅服务员可以为宾客提供叫代驾的服务。

八、注意事项

宴会流程时间比较精准,任务比较烦琐,宴会负责人一定要把握好整体宴会节奏,做好时间规划。

执行部门		监督部门		编修部门	
执行责任人		监督责任人		编修责任人	

5.1.2　设计2：亲情宴会设计

亲情宴会设计一般的目的是联系家人们彼此之间的感情,而亲情宴会又有婚宴、寿宴以及家庭宴会等,而各个宴会设计侧重点有所不同。

（1）婚礼宴会设计

1）婚礼宴会环境与气氛设计

① 场地设计。服务人员根据婚宴的主题设计宴会厅内的场地,再结合婚礼主题、婚礼性质、婚宴标准以及主办人员的要求等,进行布置。如要进行中式婚礼宴会,那么整个场地装饰就要以中国传统喜庆颜色——红色为主,以红色台布、红色鲜花装饰桌面,用具有中国特色的屏风等布置场地。如要进行西式婚礼宴会,那么场地内整体颜色就要以代表圣洁的白色为主,鲜花可以采用百合、白玫瑰等。

② 舞台设计。一般能够举办婚宴的餐厅内部都是有 T 台设计的,这部分用来给新人做主场,其布置更要契合主题。如果是中式婚礼宴会可以采用红色地毯

铺路，用新人中式婚纱照布置背景台。如果是西式婚礼宴会，就要用白色地毯铺路，背景台可以放一些两人相识相遇的纪录短片。在舞台周边可以采用适量干冰，制造出一些朦胧的意境，用以烘托婚礼浪漫的氛围。

③ 音乐设计。在中式婚礼宴会中，背景音乐可以采用一些比较古典、经典的乐曲，用中国传统乐器进行演奏，更能体现特色。而在西式婚礼宴会中，一般以钢琴曲为主，最经典的乐曲就是《婚礼进行曲》，也可以根据需要选择其他的音乐，用以烘托气氛。

④ 灯光设计。灯光是烘托氛围的重要工具，好的灯光设置更容易让人沉浸其中。一般中式婚礼宴会在灯具选择上以带有吉祥图案为主，灯光颜色上以吉祥、喜庆的红色进行装饰，必要时也可用红色蜡烛进行装饰。而在西式婚礼宴会中，灯光讲究柔和温暖，以暖色调，如暖黄色、浅粉色为主色调进行装饰，在一些需要装饰的地方，可以用白色蜡烛布置。

主舞台上的灯光要采用追光模式，在新人进行主要活动的时候，聚焦在新人身上。

2）宴会菜单及菜式设计

① 在菜单的设计上，中式婚礼宴会的菜单要综合整个婚礼的风格，封面颜色以红色为主，采用中式设计，菜单上的图案可以用一些中式吉祥图案。而西式婚礼宴会的菜单以白色为主，装饰用的图案可以采用一些西方有名的教堂等。

② 在菜式的数量上，切忌是单数，一定要是双数，中国人讲究"好事成双"，不同的数字又有不同的含义，比如"六六大顺""十全十美"等。

③ 中式婚礼宴会在菜肴名称上，尽量选用一些吉祥、美好的名字，带着美好寓意以及对新人的浓浓祝福。而在西式婚宴上，菜肴的选择就要以西餐为主，酒水等可采用红酒或者香槟，饮料可以选择可乐或者雪碧。

3）婚礼宴会服务设计

以宴会服务步骤作为依据，婚宴服务步骤如图 5-1 所示。

（2）生日宴会设计

1）生日宴会环境与气氛设计

① 场地设计。生日宴会主要有两类群体：一类就是年轻人为了庆祝生日而举办的宴会；另一类主要是为家中长辈过大寿而举办的宴会。

在进行场地布置的时候要根据具体情况进行，如果是年轻群体，场所布置就要轻快活泼，尽量以浅色调为主，装饰材料也尽量采用节约环保材质，符合年轻人的理念和气质。如果是家中长辈过大寿，那么场地布置就要庄重简洁，以鲜艳大气的颜色为主，装饰材料要有质感，餐厅内部的家具装饰材质最好选用优质实木材料。

1	婚宴正式开始前，服务人员协助宴会主办方发放喜糖、喜饼等物品
2	在宴会厅门口安排两名服务人员，等到司仪邀请新郎、新娘时，将宴会厅门缓缓打开，请新郎、新娘进入宴会厅
3	在新人交换信物环节，由一名服务人员将带着信物的托盘递上
4	在新人进行喝交杯酒环节时，由一名服务人员用托盘递上交杯酒，待新人喝完之后再带回
5	在新人切蛋糕环节时，由一名服务人员将已经点好蜡烛的蛋糕餐车推至典礼台边，等待新人切完蛋糕后再将餐车推回
6	婚宴进程中，如果新人需要换衣服，那么服务人员就要提前准备好更衣室以及新人所要更换的衣物，并将贵重物品妥善保存

图 5-1　婚宴服务步骤

② 音乐设计。年轻人的音乐选择较为多样，可以播放《生日快乐歌》，也可以提前问好过生日的人的喜好，播放一些本人喜欢的音乐。如果是长辈的话，可以选择其他形式的音乐，比如戏曲，可以专门在餐厅内部设置舞台，邀请戏曲大家表演一些祝寿的曲目，比如《麻姑献寿》等。

③ 台面设计。年轻人的生日聚会更加讲究娱乐性，因此台面上的布置可以不必太过讲究，主要装饰只要简洁明了、美观大方即可。长辈们的寿宴就要考虑得比较全面，台面装饰也要带有吉祥图案或者用一些代表长寿的绿植来装饰，比如长寿花或者长青松盆景等。

2）生日宴会酒水设计

生日宴会酒水设计原则如表 5-1 所示。

表 5-1　生日宴会酒水设计原则

设计原则	具体说明
根据宾客需求准备	根据宾客的实际特点选择合适的酒水或者饮料，在这个过程中可以为健康着想选择一些酒精度较低的酒水，亦可以根据其他宾客实际年龄准备一些不含酒精的饮料
结合生日宴会档次选择	根据生日宴会档次进行选择，如果生日宴会规模较大，档次较高，那么就可以选择红酒、香槟之类。如果生日宴会只是朋友之间小聚，并不隆重，就可以选择普通些的酒水

设计原则	具体说明
结合台面整体设计	根据台面装饰风格选择酒水,如果一般寿宴经常采用中式装饰,那么宴会上所需用酒就采用中国传统酒水,如白酒等。此外可以在一些酒水的瓶身上做设计,如可以印上与宴会主题相关的图案
符合酒水搭配原则	中式宴会一般喜欢用中式酒水,如白酒、啤酒等。西式宴会就喜欢用红酒、香槟等。无论怎样,酒水搭配一定要符合主题,并为菜品增加色彩

3)生日宴会设计注意事项

① 在上生日蛋糕之前要提前与寿星进行沟通,确定蛋糕上要插几根蜡烛,然后再和其他的服务人员配合将蛋糕推上来,并且携带好蛋糕用具,过程中要向寿星说祝福语,并在之后协助寿星完成其他工作。

② 餐厅服务员在服务的时候一定要小心谨慎,尤其是在长辈的生日宴会中,要避免摔碎杯子或者是碗碟之类的物件,一旦发生了就要及时安抚寿星情绪,并附上吉祥一点的话,如"岁岁平安"等。

③ 宴会结束时,餐厅服务人员应该做好记录,准确记录下寿星的名字、年龄以及生日,建立档案并为后续客源做准备。

4)生日宴会策划

餐厅在进行生日宴会设计时,应设计策划方案,保证宴会的顺利进行。下面是一则生日宴会策划方案范例。

方案名称	生日宴会策划方案	编　号	
		受控状态	

一、宴会主题
六十六寿宴会,凝聚亲情,促进家庭和谐。

二、宴会目的
1.通过本次六十六寿宴会,增加与亲朋好友的沟通,共享阖家欢乐。
2.本次宴会的举办也是为了感谢到场来宾,感恩亲友。

三、宴会内容
本次宴会在酒店室内举行,以红色为主基调,营造出喜庆、吉祥的氛围。进行一系列的生日庆祝仪式,包括文艺表演、本地笑星助阵、亲人感言等。

四、前期准备
1.通过电话或其他方式询问寿星的相关信息,以及参加宴会人员的数量。
2.制定有关的菜单预订方案,确定规格、要求、标准。

3. 合理分工服务人员的职责与任务并做好培训,例如客户到场的引导、具体上菜步骤等。

4. 做好物品的准备,例如桌椅配备、餐具配备、酒具配套以及有关的设施设备,包括多媒体设备、音响设备等要准备就绪。

5. 寻找专业、有经验的主持人来主持宴会活动,写好开场白和结束语,根据宴会具体流程,写好串场词,并提前预练。

6. 做好前期的安全防范,维护宴会厅内的安全秩序。

7. 做好清洁卫生工作,符合国家规定卫生要求。

8. 根据本地人的习俗和寿星的爱好来判断菜单等其他事宜。

五、宴会设计

(一)宴会厅布置

1. 宴会厅门口摆出六十六大寿字样的立牌,背景为红色,字体为黄色。

2. 主持台的背面,正中央张贴横幅,两边挂着对联,整齐摆放鲜花。

3. 宴会厅内墙上张贴"寿"字,可以采用具有中华民族传统的剪纸风格。

(二)环境布置

1. 采用温和的灯光,例如吊顶灯光可以采用较为柔和温暖的黄色系。

2. 由于本次宴会的特殊性,老年人较多,所以室内温度可以适当调高一些。

3. 宴会的窗帘可以采用白色或米黄色,增加光线的通透度,与本次宴会的主色调红色的搭配也会相得益彰。

(三)餐桌布置

1. 由于本次的宴会是传统的生日宴会,可以采用圆桌,每桌 10 个人的规格。

2. 布置好餐具,酒水采用酒精含量不高的葡萄酒,并配好葡萄酒杯。

3. 备好餐巾、其他饮品、花生、糖等。

(四)菜单设置

1. 根据寿星的喜好、本地人的偏好、主要年龄段安排菜单,热菜如老鸭豆腐汤、虾仁冬瓜汤、红烧丸子、北京烤鸭,冷菜如凉拌藕片、凉拌牛肉,小吃如糯米糍、南瓜饼等。

2. 宴会须围绕"寿"字展开,增加特色菜品长寿面、寿桃等。

六、宴会流程

1. 18:00 所有到场来宾入席用晚餐。

2. 18:40 生日宴会开始,主持人致生日贺词,请寿星入场。

3. 18:50 推出生日蛋糕,点蜡烛,全体同唱《生日快乐歌》,寿星许愿,吹蜡烛,分享蛋糕。

4. 19:10 请寿星致生日感言,每桌用一句话表达对寿星的祝福。

5. 19:20 给寿星送生日礼品,献鲜花。

6. 19:25 献歌——《祈祷》。

7. 19:40 游戏——我来比你来猜。

8. 20:25 民族舞表演。

9. 20:30 本地笑星助阵。

10. 20:50 交谊舞——《难忘今宵》。

11. 21:00 亲人感言,主持人发表谢幕词,本次宴会活动结束。

七、收尾工作

1.宴会活动结束后,相关部门做好清洁卫生工作以及其他工作。

2.宴会营销人员积极听取顾客的意见或建议,对宴会不足的地方进行改进。

执行部门		监督部门		编修部门	
执行责任人		监督责任人		编修责任人	

5.1.3 设计3：主题宴会设计

（1）中式宴会设计

1）中式宴会台面设计

① 中式宴会台面设计要求如图 5-2 所示。

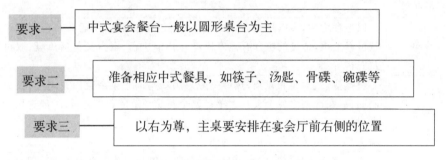

| 要求一 | 中式宴会餐台一般以圆形桌台为主 |

| 要求二 | 准备相应中式餐具，如筷子、汤匙、骨碟、碗碟等 |

| 要求三 | 以右为尊，主桌要安排在宴会厅前右侧的位置 |

图 5-2　中式宴会台面设计要求

② 中式宴会准备物品说明如表 5-2 所示，所有物品准备数量依据宴会规模来定。

表 5-2　中式宴会准备物品说明

准备物品	具体说明
公共物品	包括台布、台裙、转台、公用筷架、公用筷子、公用勺、桌号牌等
餐位用品	包括圆盘、腰盘、高脚盘、汤碗、菜碗、品锅、煲仔锅、砂锅等,中式餐具一般采用瓷器,其中以象牙白骨质瓷器最为高档
装饰用品	包括传统字画、中式蜡烛、吉祥图案等

2）中式宴会菜品及菜单设计

① 中式宴会菜品设计时要遵循以下要点，如图 5-3 所示。

② 中式宴会菜品品种组合。菜品内容是宴会的核心内容，关系到宴会举办能否成功，中式宴会菜品说明如表 5-3 所示。

图 5-3　中式宴会菜品设计要点

表 5-3　中式宴会菜品说明

菜品品种	具体说明
冷菜	以冷食为主,多以拼盘方式出现,分为主盘与围盘,一般在宾客到达之前就可以上桌,常见的主盘有艺术拼盘与什锦拼盘,围盘又包括单盘、双拼以及三拼等
热菜	包括热炒、大菜和素菜,热炒一般采用新鲜的水果蔬菜以及肉类,大火炒制而成,在冷菜之后上桌。大菜是整个菜品环节的重中之重,一般选用珍贵食材与整形的家畜肉类,在热炒之后上桌。素菜在大菜之后上桌,以当季时蔬为主,作用是营养均衡,促进消化
汤品	中式宴会汤品口味广泛,用料考究,既可以是一些家禽肉类也可以是青菜素菜,通常有1～2道
主食与点心	主食包括米饭、面条、饺子等。中式点心以桃酥、茯苓饼等为代表
水果	水果通常以果盘方式呈现,选用当季新鲜水果,通常有5～7种

③ 中式宴会服务步骤。中式宴会服务步骤如图 5-4 所示。

餐前准备	宴会开始前,餐厅服务员按照既定标准和宾客需求将宴会所需物品准备好,并按照要求进行摆放
迎宾接待	餐厅服务员按照中式宴会的礼仪标准做好仪容仪表的准备,站在宴会厅门口两侧迎接宾客,向宾客问候并行鞠躬礼
用餐服务	宴会进行期间,餐厅服务员为宾客提供中式服务,包括斟倒酒水、上菜、分菜、撤换餐具、更换毛巾、提供水果等
餐后服务	在宾客用餐结束后,餐厅服务员协助宾客整理衣物,礼貌送别宾客,在检查是否有遗漏物品后将台面清理干净

图 5-4　中式宴会服务步骤

（2）西式宴会设计

1）西式宴会餐台设计

① 西式宴会台型设计。西式宴会台面常用方形、长方形、半圆形桌面等，一般大型宴会，宾客人数较多时，宴会台面通常采用长方形桌面拼接而成，西式宴会台型包括一字形、马蹄形、U形、T形、正方形等。

② 西式宴会座次安排。一般西方用餐就座时喜欢男女宾客穿插就座，座位安排分为英式与法式。

英式座次。主人夫妇各坐在餐桌两头，主宾夫人安排在男主人右侧第一位，主宾坐在女主人右侧第一位，剩余宾客，男宾、女宾穿插落座。

法式座次。主人夫妇与主宾夫妇相对坐在餐桌的中间，主宾夫人坐在主人右侧，主宾坐在主人夫人右侧。

2）西式宴会菜品设计

西式宴会菜品组合说明如表5-4所示。

表5-4　西式宴会菜品组合说明

菜品	具体说明
开胃菜	分为冷开胃菜以及热开胃菜，通常分量很少，起到餐前开胃、引起食欲的作用
汤	分为冷汤、热汤、清汤以及浓汤，制作考究，要求原汁原味，如奶油蘑菇汤
副菜	以野味和海鲜为主，再配以面包和酥盒，常以平盘、长盘、罐等餐具装放
主菜	以海鲜、家禽肉类为主，再配上蔬菜沙拉辅助主菜的口味，常见的主菜如法国牛排、美式炸鸡等
甜食	包括甜点和水果，分量比较少，水果一般准备3～4种，甜点有蛋糕、布丁等

3）西式宴会服务设计

西式宴会服务一般分为以下4种，具体说明如表5-5所示。

表5-5　西式宴会服务方式具体说明

服务方式	具体说明
法式服务	菜肴在厨房略微处理之后，放置在手推车上，由服务人员在宾客桌边现场烹制，再由另一名服务员为宾客分菜。这种服务方式注重礼节，花费时间较长，对服务人员要求较高，适用于小型高档宴会
俄式服务	服务人员将菜品置于大盘之中，继而分送给宾客，再配以餐具给宾客使用。这种服务方式讲究礼节，细致周到，适用于规模较大、人数较多的宴会

服务方式	具体说明
英式服务	菜品由宴会主人亲手装配,再送至宾客面前,这种服务方式气氛温馨,热烈活跃,适用于家庭宴会
美式服务	宾客所点菜品直接摆放在餐盘中,由服务人员直接送到宾客面前即可,要求服务人员能够同时端送 4 个菜品盘,因此又被称为盘式服务,西方国家普遍采用这种服务方式

5.2

宴会组织实施

5.2.1 第1步:宴会预订

(1)宴会预订步骤

宴会预订是一家餐厅宾客主要来源方式,因此预订工作至关重要,宴会预订步骤如图 5-5 所示。

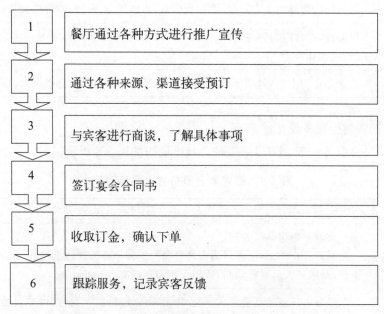

1	餐厅通过各种方式进行推广宣传
2	通过各种来源、渠道接受预订
3	与宾客进行商谈,了解具体事项
4	签订宴会合同书
5	收取订金,确认下单
6	跟踪服务,记录宾客反馈

图 5-5　宴会预订步骤

（2）宴会预订步骤说明

① 餐厅宣传部门通过广告、网络、介绍等方式进行推广宣传，为自身增加客源，拓宽顾客来源渠道。

② 餐厅通过电话预订、现场预订以及网络预订等方式接受预订。无论是采用哪种预订方式，接收到预订申请时，餐厅服务员要了解清楚宾客举办宴会的时间、性质、人数及主题等。了解清楚之后查看餐厅预订情况，确认是否还有场地，并告知宾客餐厅收费项目及标准，询问宾客是否可以接受，并带领宾客查看场地。

③ 餐厅营销主管与宾客进行具体商谈，了解详细事项，如宴会规格、风俗习惯、特殊要求等。如果涉及外宾，还需要了解国籍、信仰、禁忌等，对于宾客提出的要求尽量满足，实在达不到宾客要求的，要向宾客致歉并说明原因。

④ 宾客确定预订时，宴会营销主管与宾客签订合同，双方同时遵守合同，合同内容中必须包含宴会所有的收费项目与免费项目，除此之外，宾客的特殊要求以及注意事项都要写在合同里，双方签字确认。

⑤ 双方签订合同之后，请宾客先缴纳一部分定金，一来是为了确保合同的正常履行；二来是将其作为违约金使用。

如果宾客提前很长时间预订，那餐厅服务员就要随时跟进，进一步了解宾客在这段时间内产生的想法与变化，及时做出调整。在宴会开始前两天，必须与宾客进行联系，保证宴会顺利进行。

如果遇到预订取消情况，须及时处理，并填写宴会取消预订报告，及时送至餐厅负责人以及相关职能部门处，避免造成人力、物力的浪费。

⑥ 在整个宴会过程中，无论是宴会前还是宴会期间，都需要及时跟进宾客，了解宾客所需服务。

在宴会结束后，向宾客询问宴会满意度，建立客户档案，填写意见调查表，上交餐饮部门负责人，然后根据宾客的意见做出调查整改，并将整改结果告知宾客。

不定期地保持与宾客的联系，给予亲切问候，了解宾客近况，既和宾客打好关系，又为以后餐厅客源打下基础。

5.2.2　第2步：宴会组织与分工

（1）宴会部门组织架构

一个完整的宴会不只是一个部门或者成员单独完成的，它是各部门互相配合、通力合作的结果，宴会部门组织架构如图5-6所示。

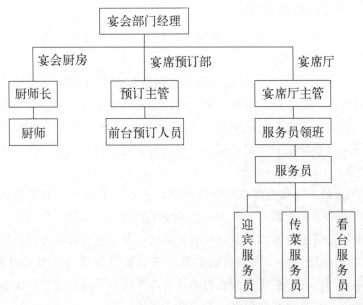

图 5-6 宴会部门组织架构

（2）宴会部门组织分工

1）宴会厨房

厨房是餐厅的生产部门，主要负责宴会以及零点的菜肴、主食和甜品的加工与制作，主要有以下 3 点工作内容。

① 根据宴会主题以及宾客具体要求，为宴会提供安全、美味、健康、卫生的菜肴，满足宾客味蕾需求。

② 厨房要紧跟时事，跟随热点，不断对菜品推陈出新，提升菜品品质，提高餐厅竞争优势。

③ 加强对采购生产过程中的管理力度，在保证质量的前提下控制采购成本，减少不必要的费用开支，开源节流。

2）宴会预订部

宴会预订部主要负责内容如下。

① 前台预订人员通过各种渠道接受预订，详细了解宾客信息，包括姓名、联系方式、对于宴会的具体要求等。前台预订人员要对自家餐厅的情况如数家珍，避免出现宾客问询却答不上来的情况。

② 前台预订人员在确认预订后直到宴会举行前的这段时间，要经常与宾客联系，随时确认宾客在近段时间内产生的想法与要求，随时告知宴会负责人做出相应调整。

③ 如遇见宾客取消预订的情况，要及时告知主管，由预订主管通知其他部

门，及时停止宴会准备，避免造成资源上的浪费。

3）宴席厅

宴席厅承担功能较多，因此分工较为细致，宴席厅主要分工如下。

① 宴席厅主管。掌握所有宴会情况，做好全部准备工作，按照宾客要求指挥服务人员布置场地，并且确定宴会服务方案以及服务措施。

根据宴会的规格与标准，拟定宴会成本核算表，在此基础上指挥服务人员进行酒水、菜品的筹备。除此之外，整场宴会所需服务人员数量与分工也得由主管进行确定与安排。

掌握整个宴会进度，处理用餐过程中出现的突发事件，并随时对服务人员进行检查，对其不规范行为做出纠正，确保整场宴会顺利进行。

② 服务员领班。认真完成主管布置的各种任务，了解宴会详细事项，按照宴会要求，安排餐厅服务员工作任务，督促餐厅服务员在宴会开始前做好餐厅布置、餐桌清洁、餐具摆放工作等。

根据主管对服务人员安排，再结合宴会情况，细化人员配置以及分工，并协助主管对人员进行技能培训，不断增加员工的工作知识，提升员工服务技巧。

③ 迎宾服务员。按照餐厅规定的仪容仪表以及站姿方式站在餐厅门口，面带微笑迎接宾客，在宾客到达的时候，向宾客行鞠躬礼，并亲切对宾客进行问候，然后引领宾客入座。在宴会结束后，主动将宾客送至门口或是电梯口，使用敬语，礼貌向宾客表示感谢并送别宾客。

④ 传菜服务员。在宴会开始前，协同其他服务员一起做好准备工作，备好传菜工具。宴会开始后，传菜服务员上菜，按照指定的传菜路线进行，传菜过程中谨慎小心，准时将菜品放在餐桌上面。

⑤ 看台服务员。按照餐厅具体要求进行摆台，餐前准备好各种服务工具，如毛巾、纸巾等。上菜时，和传菜服务员配合，为宾客介绍每一道菜品的名字以及特色，按照餐厅要求为宾客分菜。在宾客用餐时，注意餐具脏污情况，及时为宾客更换餐具。

5.2.3 第3步：菜单设计与确定

一份精美的菜单体现着餐厅的经营特色与经营水平，不仅是一家餐厅对外展示的牌匾，也是沟通宾客与餐厅之间感情的桥梁，所以菜单设计有着举足轻重的地位。

（1）菜单的设计要点

菜单设计要点如表5-6所示。

表 5-6　菜单设计要点

序号	设计要点
1	宴会主题一定要突出、鲜明,让人一目了然
2	宴会菜品名称要有寓意,富有文化,呼应主题
3	宴会菜品设计一定要迎合市场需求,符合宾客要求
4	宴会菜品设计要具有独特性,结合市场背景与宴会主题创新菜肴

（2）菜品的选择与设计

尽管每家餐厅的菜品不同,但菜品的设计却大同小异。因此如何在餐饮环境中出彩,就是对菜品设计人员的考验,而在菜品的选择与设计上也有规律可以遵循,如表 5-7 所示。

表 5-7　菜品选择要点

序号	选择要点
1	菜品种类要齐全,数量要根据每桌用餐人数来设计,菜式原材料的选择也要根据顾客成本预算而定
2	菜品营养成分搭配要合理,在口味选择上,遵循顾客要求
3	菜品的烹饪方式尽量多样化,要有多种口味的组合搭配
4	在造型设计上不仅要恰当、符合主题,还要别出心裁

（3）菜单细节设计

在菜品经过精心设计之后,就要确定菜单外观,宴会厅服务员领班需要确定以下几点。

① 确定菜单的制作原料和尺寸。

② 确定菜单的颜色与菜品的照片。

③ 确定菜单的字体与字形。

④ 确定菜单的封面与背景。

⑤ 将主要推出菜品放在菜单合理的位置上。

（4）与顾客确定菜单内容

在将整体菜单设计好后,宴会厅服务员领班与顾客沟通,确认最终菜单,步骤如图 5-7 所示。

（5）菜单设计的注意事项

菜单设计注意事项如图 5-8 所示。

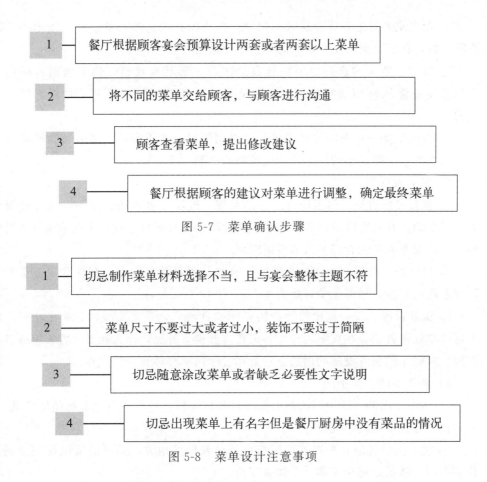

1	餐厅根据顾客宴会预算设计两套或者两套以上菜单
2	将不同的菜单交给顾客，与顾客进行沟通
3	顾客查看菜单，提出修改建议
4	餐厅根据顾客的建议对菜单进行调整，确定最终菜单

图 5-7　菜单确认步骤

1	切忌制作菜单材料选择不当，且与宴会整体主题不符
2	菜单尺寸不要过大或者过小，装饰不要过于简陋
3	切忌随意涂改菜单或者缺乏必要性文字说明
4	切忌出现菜单上有名字但是餐厅厨房中没有菜品的情况

图 5-8　菜单设计注意事项

5.2.4　第4步：餐厅布局与装饰

餐厅总体布局是经过各种时空要素设计而得出的，相对来说完美的一个整体，既要方便接待顾客又要符合审美价值。虽然所有的餐厅布局不能毫无二致，但大体上有规律可循。

（1）餐厅宴会布局要点

1）宴会餐厅外部

宴会举行时来往宾客较多，因此在餐厅外部要有足够宽敞的地方以便宾客来往。

2）宴会餐厅大堂

① 大堂环境是给宾客留下的第一印象，因此在布局上须考虑全面。大堂墙壁、地板以及家具颜色、样式等必须相辅相成、相互映射，除此之外这些物品都要采用易清洗、不容易破坏的材料。

② 在大堂各处重要或者显眼的位置，都要配备灭火器及紧急逃生指示牌等消防设施，在宴会出现意外情况的时候，可以及时解决。

③ 餐桌、餐椅的选择也要贴合宴会主题。形状要规整，便于摆放；颜色要与整体装饰风格相辅相成；大小要适当，材质要轻便，便于及时调整摆放位置。

④ 为满足部分宾客的隐私需求，可以用屏风、非承重墙、高大植物等将空间比较大的空间隔成小的、隐私性比较强的空间。

3）宴会餐厅服务设施

① 宴会餐厅过道。过道应有适合的宽度，既不过度占用大厅空间又方便服务人员走动，在宾客以及服务员同时走动的时候不会拥挤。过道尽量采取防滑材料，以防服务人员或者宾客因地滑而摔倒。

② 拾取点。在宴会中，要合理安排酒水及餐具的拾取点，在餐厅服务员来回取东西的时候，尽可能少打扰宾客。

③ 服务设施。在一些比较特殊的餐厅如日料店，进去要脱鞋，那么在餐厅内部就要放置鞋架。在火锅店内，冬天宾客要换下外套，那么就要放置衣柜或者衣架。这些小的服务设施的摆放一定要和餐厅内部整体布局相应和。

4）特殊空间：洗手间

① 在餐厅内部，洗手间的指引标志要明显清晰，且在主要地点都随处可见，不要让宾客找不到洗手间位置。

② 洗手间整体应布局在远离厨房也远离餐位的地方，最好的情况是与就餐位置在同一楼层，避免宾客上下楼来回跑。

③ 洗手间内部设施应齐全，蹲便与坐便都要配备，墙两侧要安装扶手，便于行动不便者使用，洗手间的清洁设备要与其他房间的区分开来，洗手间的地面要干爽、防滑。

（2）宴会餐厅装饰要点

除了上述需要餐厅所做出的宴会布局，宾客也可以在宴会装饰中增加一点自己的想法，可以从以下 5 个方面考虑。

1）灯光照明

不同的宴会场景需要不同的灯光照明，宴会厅内部的主题灯光已经固定，但是宾客可以自己选择一些灯具进行装饰。

如在婚宴中，宾客可以选用一些造型漂亮、颜色浪漫的灯具进行装饰；在寿宴中，可以选择一些具有中国风造型的传统灯具，更能烘托气氛。

2）墙饰

虽然宴会厅四周的墙壁不能做大幅改动，但是宾客可以选用一些装饰物美化宴会环境，如字画、壁毯、匾额等。

在中式宴会中，可以选用中国传统字画或者中国风壁毯来装饰墙面。婚宴的话也可以用新郎、新娘相识以来的照片做照片墙。

3）适当摆放绿植

一些特定的绿植因其特性会有不一样的意义，比如梅兰竹菊，自古以来就是君子、高洁的代名词。

因此在宴会厅内部宾客可以选择自己喜欢或者适合宴会的花卉绿植进行布置。在宴会厅门口、楼梯出入口、厅内的边角以及中间都可以摆放。

4）宴会标志

宴会中经常会用到的一些标志、横幅、标语、徽章等，是最能直接体现宴会性质的方式。

宾客可以自己制作这样的标志放在宴会中，如婚宴中可以用一些祝福性的标语，在宴会厅门口也可以放置人形立牌。在商务宴会中，可以准备双方企业的宣传手册和宣传产品等。

5）指示牌

为了方便受邀宾客，可以准备多种样式的指示牌，既可以为宾客指引方向，又可以起到装饰宴会厅的作用。

如商务宴会可以用主办单位的名称或者徽章标志做成指示牌；寿宴用寿桃图案做成指示牌等。通常情况下，需要准备两个指示牌：一个摆放在餐厅的前厅；另一个摆放在宴会厅的正门口。

（3）不同餐厅举例

1）茶室

一般来讲，中国人更喜欢喝茶，因此茶室应运而生，茶室的设计要更加符合中国人的需求与审美。

在茶室墙面上，可以悬挂一些与茶艺有关的书法或是绘画作品，但数量不宜过多，一两幅即可。

在茶室内部，也可陈列一些与茶叶、茶园有关的摄影作品，既增添情调也可侧面反映自家茶叶的质量。

茶室内四周也可陈设一些茶具、竹雕、盆景、奇石及花卉等装饰物，但是要注意整体摆放格局，不能所有装饰物都摆放在一起，这样不仅会导致空间狭小，还会给人杂乱之感，影响宾客体验。

2）咖啡厅

随着日益繁忙的生活节奏，咖啡厅已经成了人们商务休闲的场所之一，其装修风格影响着咖啡店的人流量与经营情况。

灯光设计。咖啡厅的灯光设计要综合考虑两个因素，就是照明与装饰，在运用灯具进行装饰的时候，一定要注意灯具的选择要与整体咖啡馆的布局相吻合，尽可能营造一种高端、典雅的氛围。灯具可以选择线条造型，颜色可以选择暖色调，给咖啡厅增添氛围。

墙面装饰。墙面上的装饰要与整体风格相辅相成，主体要符合舒适、淡雅及浪漫的氛围，墙上可以放一些油画、风景照，如果想要别出心裁的话，也可以用一些绿植来装饰墙面。更有甚者，可以设置照片墙，让愿意留下美好记忆的宾客将照片挂在墙上，增添氛围感。

餐桌、餐椅。餐桌、餐椅的大小比例一定要符合整体店内气质。在餐桌上可以用台布来装饰，台布的选择既要颜色符合也要质感符合整体风格。餐椅可以选择木质或者皮质的座椅，与店内灯光和墙面装饰搭配在一起，让咖啡厅充满放松、宁静的氛围，让宾客沉浸其中。

3）酒吧

作为当代年轻人比较偏向的休闲场所之一，酒吧在现代消费中已经逐步占有重要地位。

吧台设计。吧台的设计要简洁大方，让人一目了然。吧台的材质一般采用大理石与金属材料结合使用，再根据酒吧主题确定整套材质。

就吧台造型而言，通常以一字形、半圆形及方形为主，与吧台相配套的椅子一般是可旋转的高脚凳，这会更符合酒吧自由、放松的气氛。

座位设计。酒吧内部的座位安排要宽敞、大方，且要方便宾客自由出入，桌椅的材质要坚固、耐用，便于清洗，桌椅的颜色要符合整体设计，适当地烘托情调和气氛，材质和颜色相互配合，给人一种相得益彰的感受。

灯光设计。在酒吧内部，灯光的作用不可忽略，灯光是否具有美感，是影响设计成败的因素之一。要注意灯具造型的多样性，既要考虑整体设计的美观性又要考虑实用性。

局部照明与整体照明相结合，例如在吧台采用较明亮的灯光，方便工作人员工作。在走廊的灯光可以鲜亮、轻快一些。

酒吧内部的灯光设计也要讲究渐变，设计宜以暖色调为主，让人放松，感到轻快，在亮处看暗处，在暗处看亮处，每个角度都有不一样的观看感受。

包间设计。大部分人需要包间就是为了安静、舒适以及比较高的隐私性，所以在包间设计上要强调这方面。包间内可以摆放一些材质柔软的沙发、大棵的绿色植物、设计精美的装饰物品，以营造一种放松之感。

5.2.5 第5步：餐台设计与装饰

（1）餐台设计原则

在进行餐台设计的时候，要遵循以下原则，如图5-9所示。

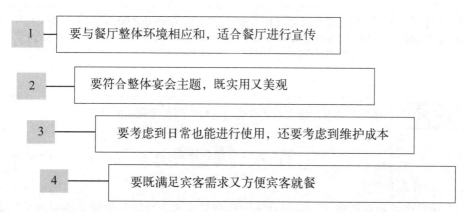

图 5-9　餐台设计原则

（2）餐台造型选择

餐台一般分为圆形台、方形台以及异形台等，顾客可以根据宴会性质及个人偏好来选择使用哪一种餐台，具体说明如下。

1）圆形台

圆形台特点如图5-10所示。

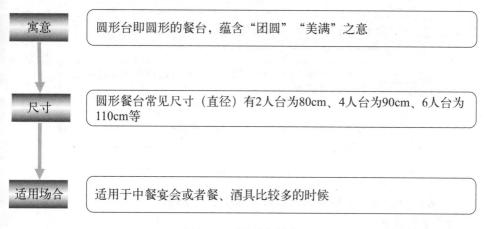

图 5-10　圆形台特点

2）方形台

方形台特点如图5-11所示。

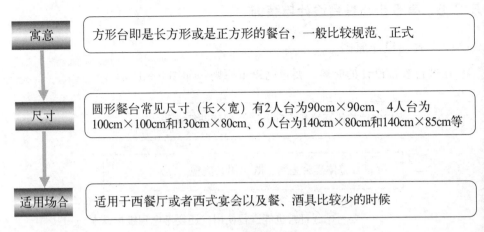

寓意	方形台即是长方形或是正方形的餐台，一般比较规范、正式
尺寸	圆形餐台常见尺寸（长×宽）有2人台为90cm×90cm、4人台为100cm×100cm和130cm×80cm、6人台为140cm×80cm和140cm×85cm等
适用场合	适用于西餐厅或者西式宴会以及餐、酒具比较少的时候

图 5-11　方形台特点

3）异形台

异形台就是根据餐厅特点以及宾客特殊要求来进行选择的除上述两种类型之外的餐台，例如 T 形台、U 形台以及心形台等。这类餐台一般出现场合比较特殊，宴会都有其指定含义和要求。

（3）餐台装饰

1）台布选择与铺陈

顾客依照宴会性质以及个人偏好选择适合的台布来装饰餐台，选择要点如图 5-12 所示。

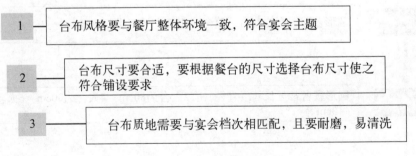

1	台布风格要与餐厅整体环境一致，符合宴会主题
2	台布尺寸要合适，要根据餐台的尺寸选择台布尺寸使之符合铺设要求
3	台布质地需要与宴会档次相匹配，且要耐磨，易清洗

图 5-12　台布选择要点

顾客按照台布铺陈步骤铺设台布，如图 5-13 所示。

2）餐台插花

餐台插花是一种常见的、用来装饰餐台的一种方法，宾客可以选择自己喜欢的花束进行装饰，不同的花束具有不同的代表意义，如表 5-8 所示。

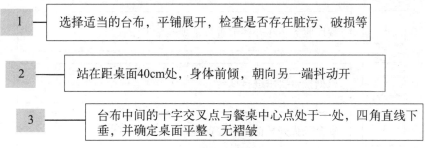

图 5-13　台布铺陈步骤

表 5-8　不同花束代表的意义

花束	具体说明
栀子花	象征着纯洁天真的友谊,经常用在毕业季离别的同学聚会等
向日葵	象征着不停追逐梦想,积极向上和朝气蓬勃的精神,还象征着默默奉献的精神
康乃馨	象征着爱与尊敬、感恩与祝福,适用于家庭宴会中表达对母亲的尊敬
玫瑰	象征着爱情、纯洁、真爱,一般会选择用在婚宴上
百合	象征着纯洁、贞洁、天真无邪的同时也因为其名字象征着百年好合

餐台装饰所用花材也有一定要求,既要符合大众审美,也要考虑实际效果,要求如图 5-14 所示。

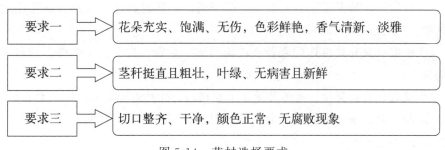

图 5-14　花材选择要求

5.3

宴会服务

5.3.1　步骤 1: 中餐宴会服务步骤

中餐宴会服务步骤如图 5-15 所示。

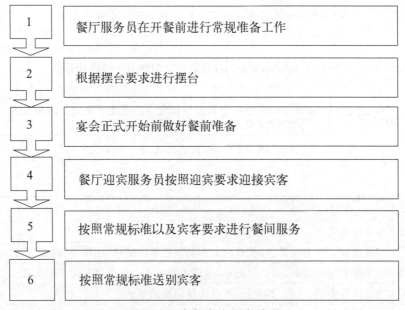

1	餐厅服务员在开餐前进行常规准备工作
2	根据摆台要求进行摆台
3	宴会正式开始前做好餐前准备
4	餐厅迎宾服务员按照迎宾要求迎接宾客
5	按照常规标准以及宾客要求进行餐间服务
6	按照常规标准送别宾客

图 5-15　中餐宴会服务步骤

下面对中餐宴会服务步骤进行说明。

（1）准备工作

① 餐厅服务员根据宴会需求及菜单菜式，计算餐具数量以及准备特定菜式的佐料，进行服务用具的准备。

② 根据桌数和菜单选配瓷器、玻璃器皿、台布、口布、小毛巾、转盘等必备物品。

③ 准备好宴会菜单，菜单装帧要美观精巧，除此之外要无破损、无油污等。

④ 按菜单要求备足各类酒水饮料，用布擦净酒水饮料的瓶子，在工作台或工作车上摆放整齐。

（2）摆台

① 餐厅服务员按宴会预订的人数，摆放与之相对应的宴会台面、宴会座椅，并将座椅摆放整齐，且围好座椅套。

② 对每一个台面进行摆台，铺设台布，摆放插花等。

（3）开餐前准备

① 宴会当天，宴会厅服务员领班再跟预订人员确认最终宾客数、桌数，再跟厨房沟通并互相交换该注意的要点。

② 宴会厅服务员领班与预订人员一起迎接宴会举办方，与其确认最终安排，询问其意见与建议，并在条件允许的情况下做出调整，最后确认宴会上菜时间。

③ 宴会开始前 10～15min，服务员将冷菜上桌，对于有造型的冷盘，将造型主要部分正对主人和主宾。

④ 宴会开始前 10min，将酒水或者茶水斟好，以备宾客开宴后讲话结束时使用。

（4）迎接宾客

① 宾客到达前 5～10min，餐厅迎宾服务员在宴会厅门口迎候宾客。

② 宾客到达后，应主动向宾客问好并行鞠躬礼，并核实入场宾客人数。

③ 在宾客前方请宾客进宴会厅，并在宾客右前方 50cm 处引领宾客，步速同宾客的行走速度一致。

④ 时间或人数接近时，宴会厅服务员领班通知主办方最新人数，最后确认桌数及上菜时间，并及时通知厨房厨师长。

（5）餐间服务

① 宾客走到桌前，服务员为宾客接挂衣帽，并为宾客拉椅、奉茶。

② 宴会开始后，上热菜，菜要一道道趁热上，厨房出菜要用盖子盖好，上菜后，取走盖子。上菜时，须由主台开始不能抢先。每上一道新菜，要介绍菜名和风味特点。

③ 根据实际，为宾客提供斟酒服务，斟酒时注意要从宾客右手边进行。

④ 撤换餐具，餐厅服务员要根据实际情况及时处理宾客的餐具，重要的宴会每一道菜都要换一次碟子，在换碟子之前要征求宾客意见。

⑤ 在宾客用餐过程中，要及时提供小毛巾。

（6）送别宾客

① 宾客起身离开时，餐厅服务员应拉椅让座，递送衣帽，提包，然后向宾客礼貌道别，致谢。

② 宾客离开后，检查座位和台面是否有遗留物品，若有，要及时送还给宾客。

③ 迎宾服务员送客至门口或电梯口，再次向宾客致谢，微笑道别。

④ 餐厅服务员按顺序撤台，清点物品，做好卫生，使宴会厅恢复原样。

5.3.2 步骤 2：西餐宴会服务步骤

西餐宴会服务步骤如图 5-16 所示。

下面对西餐宴会服务步骤进行说明。

西餐宴会服务规范与中餐宴会服务有异曲同工之妙，但还是有些细微之处的差别，以下是西餐宴会服务与中餐宴会服务的不同之处。

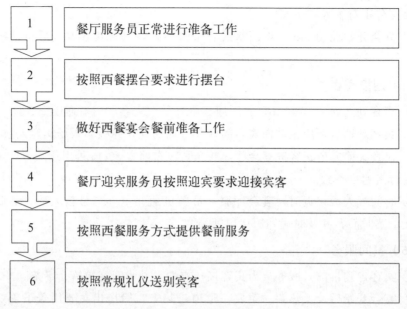

1	餐厅服务员正常进行准备工作
2	按照西餐摆台要求进行摆台
3	做好西餐宴会餐前准备工作
4	餐厅迎宾服务员按照迎宾要求迎接宾客
5	按照西餐服务方式提供餐前服务
6	按照常规礼仪送别宾客

图 5-16　西餐宴会服务步骤

（1）准备工作

① 按照宴会需求，餐厅服务员准备好餐具，西餐一般要配备汤碟、面包篮、甜食盘、咖啡盘、奶罐、黄油等。

② 按照菜单需求准备好酒水饮料，用布擦净酒水饮料的瓶子，在工作台上摆放整齐。西餐一般准备的酒水以红酒、鸡尾酒及香槟为主。

（2）摆台

① 在餐盘的右侧由外向里摆放汤勺、鱼刀、汤碟、主菜刀等。匙心向上，刀刃向左，底部距桌边 2cm，柄把可摆成一字形，中间的刀比其他刀要高出 3cm，刀的间距为 0.5cm。

② 在刀叉的左侧放面包盘，面包盘的中心线与餐盘中心线在一直线上，与刀叉的间距为 1cm，盘上放黄油刀，刀尖向上，刀口向左。

③ 在主菜刀正上方 2cm 处放水杯，右边依次摆放红、白葡萄酒杯，三杯成斜 "一" 字形。如有香槟杯，则摆放在红葡萄酒杯前方，烈酒杯放在香槟酒杯右侧，杯间距为 1cm。

（3）开餐前准备

① 宴会厅服务员领班向主办方汇报宴会流程，确认最终安排，询问其是否有意见或者建议，在条件允许的情况下进行调整。

② 宴会当天，宴会厅服务员领班与预订人员确认最终人数、桌数，再与厨房沟通，协商好注意事项，确认上菜时间。

（4）迎接宾客

① 宾客到达前 5～10min，餐厅迎宾服务员站在宴会厅门口迎接宾客。

② 宾客到达后，主动向宾客行礼问候，如遇见外宾，可以用英语问候。

（5）餐间服务

① 宾客入座后，餐厅服务员询问宾客需要哪种餐前饮品，按照要求送上饮品并告知宾客。

② 宴会开始后，餐厅服务员按照顺序上菜。

③ 上头盘。上头盘时，按照先宾后主、女士优先的原则，从宾客右侧上餐。当宾客全部放下刀叉后，询问宾客是否可以撤盘，得到宾客的允许后，从宾客的右侧将盘和刀叉一同撤下。

④ 上汤。将汤碗放在汤碟上面，从宾客的右侧送上。待多数宾客不再饮用时，询问宾客是否可以撤汤，得到宾客的允许后，要从宾客的右侧将汤碗、汤碟和汤勺一同撤下。

⑤ 上葡萄酒。先请主人试酒，然后再为宾客提供红酒，询问宾客是否还用白酒，如不用，将白酒杯撤下。

⑥ 上主菜。内容与③类似。

⑦ 清台。用托盘将面包盘、面包刀、黄油碟、面包篮、椒盐瓶全部撤下，并用服务叉、勺将台面残留物收走。

⑧ 上甜食。先将甜食叉、勺打开，左叉、右勺，然后从宾客右侧为宾客送上甜食，待宾客全部放下刀叉后，询问宾客是否可以撤盘，得到宾客的允许后，从宾客的右侧将盘和甜食叉勺一同撤下。

⑨ 上水果。先为宾客送上水果刀叉、洗手盅，然后为其送上准备好的水果盘。

⑩ 上咖啡。先在每位宾客右手边摆上一套咖啡用具（咖啡杯、垫盘、盘上右侧放一把咖啡勺），然后用托盘送上淡奶壶、糖罐，站在宾客右侧斟上咖啡。

⑪ 在宾客用餐期间，随时观察，主动为宾客添加酒水。当烟灰缸内烟蒂数量超过 2 个时，应及时更换烟灰缸。

（6）送别宾客

同中餐送别宾客类似，可参考前文。

5.3.3 步骤 3：宴会服务突发事件处理步骤

在宴会进行过程中，尽管餐厅管理人员已经做好万全准备以防意外情况发生，但是有时候也会出现突发状况，所以管理人员还是要做好提前预案以应对不时之需。

（1）宴会服务突发事件处理步骤

宴会服务突发事件处理步骤如图 5-17 所示。

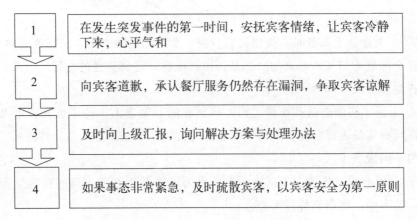

图 5-17　宴会服务突发事件处理步骤

（2）宴会服务突发事件处理原则

① 遵守宾客安全第一的原则，在宴会过程中无论出现任何意外情况，都要以维护宾客利益，保障宾客安全为前提。

② 依法办事，遵循餐厅规章制度，一旦宴会中出现意外情况，服务人员在处理时就要参照一定依据，上到法律法规，下至餐厅规章制度，都可作为参考依据。

③ 遵循统一指挥、协调配合的原则，在处理突发事件时，对于一些细小的情况，餐厅服务员可能仅凭一己之力就能解决，但是如果事故凭一个人无法解决，还需求助时，就要注意发挥团体的力量，听从上级安排并与其他同事通力合作。

（3）宴会服务突发事件处理方案

下面是宴会服务突发事件处理方案范例。

方案名称	宴会服务突发事件处理方案	编　　号	
		受控状态	

一、实施目标

宴会服务是整个宴会中最为核心和重要的部分,为了提升服务人员应对意外情况的素质与工作效率,提供相应解决方法与技巧,特制定本方案。

二、实施对象

整体餐厅服务人员包括前厅与后厨服务人员。

三、岗位职责

1.宴会厅服务员领班确定整体餐厅服务人员工作内容分工,责任到人,分工细致,建立合理的奖惩机制,确定整个细则。

2.宴会厅服务员领班在正式开餐前带领所有服务人员,将能够考虑到的意外情况进行预演,找出其中细节问题与漏洞,并对其进行加工与完善。

3.所有宴会服务人员认真参与预演,并积极提出宴会厅服务员领班没有考虑到的意外情况以及对应情况的解决措施。

四、突发事件举例说明

(一)服务过程中,宾客提出特殊要求时,解决方法如下所述。

1.宾客提出特殊要求时,餐厅服务员要综合考虑宾客所提要求是否合理且在餐厅能够满足范围之内。

2.如果宾客要求合理且餐厅能够满足,那么餐厅服务员就要请宾客稍等,然后去满足宾客所提要求。

3.如果宾客所提要求不在餐厅承受范围之内,那么餐厅服务员首先向宾客致以歉意,然后向其解释清楚详细原因。

(二)服务过程中,若餐厅服务员不小心弄脏宾客衣物,解决方法如下所述。

1.餐厅服务员不要手足无措,站在原地,应先把手中菜品或者酒水放在桌子上,向宾客致以歉意。

2.找到干净的湿毛巾为宾客擦拭,如擦拭不掉,可为宾客提供换洗衣物,并将宾客换下的衣物送去清洗,之后归还宾客。

3.向宾客询问关于菜品或者酒水的处理方法,问清是否需要撤掉重新再来一份,在得到确切答复后,重新准备。

(三)服务过程中,餐厅服务员如果打碎餐具或者碰掉餐具,解决方法如下所述。

1.首先向宾客致以歉意,为影响宾客用餐体验而道歉。

2.其次提醒宾客小心,不要触碰餐具碎片,以免受伤。

3.最后立即补上新的餐具,并迅速打扫干净现场。

(四)如果宾客在菜品中吃出异物,解决方法如下所述。

1.首先向宾客道歉,然后立即为宾客更换菜品。

2.向上级报告,可以请餐厅经理出面向宾客道歉,如果宾客借机提出无理要求,服务人员要灵活处理,讲究语言艺术,避免与宾客发生冲突。

3.尽可能与宾客协商处理,不让餐厅承受更多的损失。

(五)如果宾客出现食物中毒,解决方法如下所述。

1.立即呼叫救护车,与此同时安抚其他宾客情绪,请宾客保持冷静,切勿慌张。

2.将情况汇报给上级,并通知中毒宾客的亲友,将中毒宾客送至医院进行救治,同时保留现场。

3.宴会厅服务员领班启动应急预案,联系食品监督局,判定是自身菜品发生问题还是同行恶意竞争的结果。

4.如果是同行恶意竞争,那么就要选择报警处理,等到警察到现场之后,将有关物品移交警方,并做好相关记录以备不时之需。

上述几种情况只是提供一种解决思路,具体解决方案还要根据实际情况灵活处理。除此之外,在宴会服务过程中可能出现的突发事件也不仅限于以上几种,还是要根据实际情况来解决。

执行部门		监督部门		编修部门	
执行责任人		监督责任人		编修责任人	

5.4

▶▶

宴会创新设计

5.4.1 设计1:宴会服务项目创新设计

创新是一家企业经久不衰的秘籍,对于餐厅来说更是如此。一家餐厅要想经营得更久、更加盈利,那么宴会服务项目的创新就是重中之重,可以从以下3个方面来进行宴会服务项目的创新。

(1)服务理念的创新

① 经营目标要与时俱进,跟上时代潮流。随着经济不断发展,餐厅应该将过去只追求自我利益与发展的经营理念,转变为在追求自我发展的同时,也要考虑宾客利益与社会利益的经营理念。

② 在过去很长一段时间内,餐厅都秉承着"顾客是上帝"的服务想法,以至于在餐厅服务员提供服务的时候,总与宾客处于不平等的地位,从而导致某些情况下餐厅对于无理取闹的宾客也采取容忍态度。而在日益发展的今天,餐厅的服务理念也应该随之改变,将服务人员与宾客放在平等的位置上,追求宾客与服务人员之间的一种和谐、平等的相处模式,给宾客留下服务员不卑不亢的服务印象,从而实现餐厅的长远发展。

（2）服务内容的创新

宴会服务中包含各种服务内容，包括以下几方面，如表5-9所示。

表5-9　宴会服务内容创新设计

创新维度	具体说明
环境设计创新	宴会环境设计要注重宴会主题而非餐厅的自我个性展示，要为不同的宾客需求提供相应的环境设计，使宾客拥有全新的宴会体验
菜品设计创新	健康美食与绿色餐饮已经逐渐成为现今宾客的主要选择，这就要求宴会在进行菜品设计时，要中西结合，推陈出新，给宾客带来不一样的菜品体验
服务人员创新	服务质量的好坏取决于餐厅服务员，而经过培训、考核的高素质服务人员不仅可以对服务流程及要求熟知于心，还可以在发生意外情况时应对自如，尤其是在宴会中，这种能力非常重要
服务过程创新	宴会中的附加服务也是增添餐厅竞争力的一部分，如照顾宾客带来的小孩等，附加服务随着时代的发展，也要不断发展与完善

（3）服务方式创新

① 宴会预订方式创新。随着时代的发展与社会的进步，宴会的预订方式像过去一样，只能现场预订，现在增加了网络预订、电话预订等第三方预订方式，宴会服务人员也可以拓宽宴会预订渠道，增加宾客数量。

② 宴会点单方式创新。宴会之前一直都是用纸质菜单点单，人工通知，这样就降低了宴会的服务效率。现在点单更加趋向电子化、网络化，这样更加节省人力，提高宴会服务效率。

5.4.2　设计2：宴会服务提升创新设计

（1）宴会服务提升创新分析

宴会服务要想在已有的基础上有所提升，就要对原本已经存在的服务产品进行分析，找出亟待解决的问题，为宴会服务提升创新的设计提供前提。

① 对有形服务产品分析。宴会服务的有形服务主要体现在菜品上，因此对于宴会的有形服务分析主要从菜品进行。在宾客用餐结束以后征求宾客对于菜品的反馈，再对宾客的反馈进行分析，服务员主要从以下几方面征求宾客反馈，具体如表5-10所示。

表 5-10　餐厅服务员征求宾客对菜品反馈意见表

序号	主要问题
1	菜品原材料出现质量问题、口感不佳甚至出现影响健康问题
2	烹饪程序不标准、菜品存在咸淡不一、火候过轻或过重的问题
3	因宴会时间不好把控导致菜品失去原本温度,失去原有口感
4	因厨师或者餐厅服务员操作不当而出现的菜品中有异物的情况

② 对无形服务产品分析。餐厅的无形服务产品主要包括迎宾服务、席间服务以及结账送客三个环节,而对于餐厅服务员的服务细节也可以从如表 5-11 所示的这几个角度进行分析。

表 5-11　无形产品分析表

序号	分析角度
1	对服务环节进行分析,服务过程中不仅包括一些大方面,如迎宾接待,还包括一些小方面,比如是否按照规定的顺序上菜,或者上带有佐料的菜时,是否有先上佐料
2	对服务质量进行分析,包括服务员在服务过程中的安全与卫生问题,如服务员在上菜时没有提醒宾客导致菜品汤汁溅落到宾客身上
3	对服务态度进行分析,良好的服务态度是服务中非常重要的内容,良好的服务态度可使宾客心情愉悦,给宾客留下美好的印象
4	对服务效率进行分析,服务不仅需要技术也需要技巧,适当的技巧提升也会提高服务效率,为宾客提供更加优质、快捷的服务

（2）宴会服务提升创新

既然已经从宴会服务中分析出问题,那么为了能给宾客留下更好的印象,能够给餐厅带来更高的经济效益,宴会服务质量的提升刻不容缓。

① 对有形服务质量进行提升。一道菜品在到达宾客面前之前必然会经历很多步骤,比如菜品的切配、烹饪、传送等,而在每一个环节,一旦出现问题都会影响到菜品的质量,因此要对菜品的每个环节进行控制,具体的控制方法如表 5-12 所示。

表 5-12　菜品质量控制方法

序号	控制方法
1	对餐厅所有服务人员进行原材料以及菜品切配方面的理论知识的系统培训,以便更好地保证菜品质量,在上菜的时候服务员能够做好菜品介绍工作

序号	控制方法
2	餐厅服务员时刻把握上菜时间,确保菜品在厨房完成之后能及时到达餐桌,保证菜品口感
3	对菜品制作流程与标准严格约束,严格把控菜品烹饪火候、烹饪时间、调味料用量等,以此确保菜品的质量与口味
4	菜品从烹饪开始直到出现在宾客面前,所有相关人员都要对其进行监督和把控,及时发现问题并进行改正,确保菜品质量

② 对无形服务质量进行提升。根据宾客对餐厅服务质量进行的反馈进行分析,可以从以下几个方面进行提升,如表 5-13 所示。

表 5-13　服务质量提升表

提升方面	具体说明
完善与提升服务流程与标准	服务流程与标准是餐厅服务员进行服务时必须掌握的基础,任何服务变动都要在此基础上进行调整。但实际中还是要具体情况具体分析,随着不断地调整,可以更加完善服务流程,提升服务标准
对意外突发事件做好提前预案	服务质量不仅受到餐厅服务员的影响,还会受到宾客、周边环境等因素影响,因此对于一些可以预见的意外情况,可以提前做好准备
加强对服务员的培训	对餐厅服务员进行职业能力与职业知识的相关培训,并且用绩效形式作为考核标准,进行奖惩,提高相应的业务能力与职业素养,以此提升餐厅服务质量
做好服务创新工作	可以从服务内容、服务方式、服务流程、服务员服饰等方面进行创新,借此提升服务质量,为宾客提供有新意、有特色的餐厅服务,为餐厅吸引更多客源,从而达到餐厅获取效益的目的
妥善处理宾客投诉问题	面对投诉,首先要向宾客表明歉意,再采取措施,认真听取宾客所提出的问题,以及积极实施解决方案,最后将投诉记录及措施整理归档,并以此为鉴